성과를 내는
팀장의 ———
완벽한 리더십

LEADERSHIP INSIGHT
성과를 내는 팀장의 ——— 완벽한 리더십

유경철, 이인우 지음

천그루숲

머리말

회사에 입사해 열심히 일하다 보면 어느덧 리더가 된다. 그렇다 보니 리더의 역할과 책임에 대해 준비할 여유가 없다. 그저 상사였던 리더가 하는 행동만 지켜봤을 뿐이다. 처음 리더가 되었을 때의 설레임은 잠시뿐, 리더로서의 무게감은 생각보다 크다. 앞으로 조직을 어떻게 이끌어 가야 할지 고민하다 보면 밤잠을 설치기 일쑤다. 잘하고 싶고, 누구보다 좋은 리더, 존경받는 리더가 되고 싶다.

이처럼 누구나 좋은 리더, 존경받는 리더를 꿈꾸지만 막상 리더의 자리에 올랐을 때 구성원들의 인정을 받기는 쉽지 않다. 특히 팬데믹을 거치며 뉴노멀 시대를 맞은 지금, 리더는 어떤 존재이며 무엇을 하는 사람인지, 성과를 내는 리더가 되기 위해서는 무엇이 필요한지에 대한 고민이 필요한 시점이다.

이제부터 20년 이상 교육현장에서 리더십을 강의하고 있는 저자와 여러 조직에서 팀장과 임원을 거친 현장형 리더인 저자가 생동감 있는 사례를 통해 리더는 누구이고 무엇을 해야 하는 사람인지 명확하게 알려줄 것이다. 이제 막 리더가 된 사람, 현재 리더의 자리에 있지만 리더십 때문에 고민하고 있는 사람, 앞으로 훌륭한 리더가 되고 싶은 실무자들이 반드시 알아야 할 내용들을 정리해 보았으니 순서대로 읽어도 되고 관심 있는 부분부터 읽어도 된다.

Part 1 '리더의 역할과 책임' - 리더십은 리더의 영향력에 대한 타인의 평가이다. 따라서 리더는 핵심역량을 갖추고 항상 최상의 상태를 유지해야 한다.

Part 2 '리더의 신뢰' - 리더와 구성원 간의 첫 번째 조건은 신뢰 형성이다. 신뢰 없는 리더십은 의미가 없다.

Part 3 '리더의 조건' - 인정은 리더에게 성과를 낼 수 있는 기본적이면서도 강력한 동력이 된다. 인정받는 리더의 조건을 알아본다.

Part 4 '리더의 커뮤니케이션' - 리더는 구성원이 말한 것을 잘 듣고 이해하고 공감하여 행동으로 옮길 수 있는 완벽한 소통이 필요하다.

Part 5 '리더의 세대 공감' - 리더는 MZ세대의 특성을 이해하고, 그들과의 갈등을 해결하는 세대 공감 리더십이 필요하다.

Part 6 '리더의 동기부여' - 리더는 구성원들의 내적 동기부여를 끌어내고 그들의 잠재력을 발굴해 성과 창출을 해야 한다.

Part 7 '리더의 성과관리' - 리더는 구성원이 최고의 성과를 낼 수 있도록 코칭과 피드백을 통해 조직을 체계적으로 관리해야 한다.

Part 8 '리더의 질문' – 리더는 중립적 질문을 통해 구성원의 참여와 몰입을 유도해야 한다.

Part 9 '리더의 피드백' – 리더와 구성원이 서로 진심으로 피드백을 주고받을 때 행동이 강화되고 성과로 이어진다.

Part 10 '리더의 코칭' – 리더는 코칭 질문과 GROW 대화모델을 통해 구성원의 성장과 성과 향상을 이끌어야 한다.

Part 11 '리더의 변화관리' – 리더는 변화를 추진하는 혁신추진자라는 마음으로 매일매일 혁신해야 한다.

Part 12 '리더의 권한위임' – 리더의 합리적인 권한위임은 구성원들에게 책임감과 주인의식을 가지게 해주고, 결국 조직의 성과를 극대화시킨다.

리더십의 깊이는 끝이 없다. 성공한 리더마다 자신의 철학이 다르고, 방법 또한 다르다. 이 책을 통해 성공한 리더가 갖추어야 할 리더십의 다양한 사례를 만날 수 있을 것이다. 이제 막 리더의 자리에 오르는 예비 리더, 앞으로 리더가 되고 싶은 실무자들에게 리더십 인사이트Insight를 미리 학습하고 경험하는 시간을 선사하고 싶다. 책을 덮을 즈음 '나는 앞으로 어떤 리더가 되어야겠다'라는 통찰력이 생기기를 바란다. 리더십의 인사이트를 믿고, 이제 그 누구도 부럽지 않은 훌륭한 리더가 되어 보자.

햇살 가득한 아름다운 어느 날
유경철, 이인우

차 례 ──────

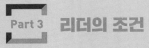

Part 3 리더의 조건

Part 4 리더의 커뮤니케이션

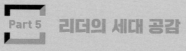

Part 5 리더의 세대 공감

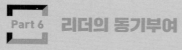

Part 6 리더의 동기부여

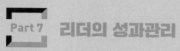

Part 7 리더의 성과관리

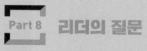

Part 8 리더의 질문

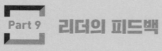
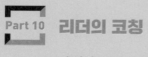

Part 11 리더의 변화관리

Part 12 리더의 권한위임

LEADERSHIP INSIGHT

Part 1

리더의
역할과 책임

항상 가장 큰 노력이 필요한 것이, 바로 모든 일의 시작이다.
- 제임스 캐시 페니(J.C.페니 백화점 창립자)

리더십과
리더의 성과

⚡ 리더십은 타인에 의해 평가되는 것

환경의 변화는 조직이 따라잡기 힘들고, 조직의 변화는 직원이 따라잡기 힘들며, 직원의 변화는 리더가 따라잡기 힘들다는 말이 있다. 조직의 선두에서 가장 트렌드에 민감하고 변화에 빠르게 대처해야 하는 리더가 가장 뒤처지는 상황을 말하는 것이다. 그렇다면 그 어느 때보다 빠르게 변하는 뉴노멀의 시대에 우리는 어떤 리더가 되어야 할까?

과거에는 큰소리 뻥뻥치고 카리스마 넘치는 패기로 구성원들을 이끌고 가는 것이 훌륭한 리더십이라고 생각하는 사람들이 많았다. 어떤 학자들은 리더십을 타고난 것이라고 말하기도 하고, 리더는 배우면서 성장하는 것이라고 말하기도 한다. 이처럼 세상은 리더십에 대한 수많은 담론을 내놓고 있지만 리더십은 결국 내가 평가하는 것이 아니라 타인에 의해 평가되는 것이다. 즉, '리더십은 리더의 영향력에 대한 타인의 평가'라는 것임을 잊지 말아야 한다.

그 누구도 스스로 '나는 훌륭한 리더다' '나는 탁월하다'라고 말할 수 없다. 그것은 자신만의 생각일 뿐이다. 리더십은 상사, 동료, 구성원들의 평가에 의해 좌우된다는 것을 항상 기억하자.

⏳ 리더십의 정의

오늘도 수많은 학자들이 리더십을 연구하고 있으며, 세상의 트렌드를 반영하여 리더의 역할과 책임에 대해 말하고 있다. 그중 리더십 메타연구로 유명한 게리 유클은 '리더십이란 무엇을 해야 하고, 그것을 어떻게 할 것인지 이해하고 합의하도록 타인에게 영향을 미치는 과정이며, 공유된 목표를 달성하기 위해 개인 및 집합적 노력을 촉진하는 과정이다'라고 정의했다.

즉, 리더십은 조직이 실현해야 하는 비전을 설정하고, 그 비전을 실현할 수 있도록 구성원들에게 영향력을 발휘해 개인과 조직을 변화시키는 과정이다. 리더십은 결국 구성원들이 공통된 목표를 달성할 수 있도록 만드는 능력인 것이다. 따라서 리더는 조직의 성과를 달성하기 위해 스스로 무엇을 해야 하는 것이 아니라 조직의 비전과 목표를 구성원들이 정확하게 수행할 수 있도록 코칭하고 지원하는 역할을 해야 한다. 리더가 실무자처럼 모든 일을 혼자서 하려고 하는 것은 무능한 리더의 전형이다.

우리 주위를 보면 아직도 경험에만 집착하고 인맥에만 의존하며 자기계발에는 무관심한 리더들이 너무나 많다. 리더십 용어 중 '피터의 원칙peter's principle'이라는 것이 있다. 업무능력이 좋고 능력을 인정받아 승진을 거듭하지만 직위가 높아질수록 오히려 능률과 효율성이 상대적으로 떨어지고 급기야 무능력한 수준에까지 이르게 된다는 것이다. 리더가 리더로서의 역할을 하지 못하고 실무자처럼 일을 하면 피터의 원칙에 빠지게 되는 것이다.

리더십은 하루아침에 달성할 수 있는 것이 아니라 매일매일 오랜 기간 성장하며 형성된 '과정의 법칙'이다. 끊임없이 배우고 성장하는 사람에게 발현되며, 성공과 실패를 통한 경험과 학습이 지속적으로 이루어졌을 때 얻을 수 있는 결과물이다. 따라서 항상 학습하고 성장하려는 마음을 가지고 실제로 끊임없이 실천할 때 통찰력이 생긴다. 이것이 '리더의 통찰력'이다.

⚖ 리더의 성과

뉴노멀 시대의 리더는 혼자서 열심히 한다고 성과가 나오지 않는다. 혼자 열심히 하는 리더는 리더십을 제대로 이해하지 못하고 있는 것이다. 물론 솔선수범은 리더십의 중요한 덕목이지만 그것이 리더 혼자서 일을 많이 하라는 의미가 아니다. 그렇다면 리더의 성과는 어디에서 나오는 걸까? 리더의 성과는 구성원들이 낸 성과의 총합이다. 구성원들이 일을 잘할 수 있도록 코칭과 피드백을 통

성과를 내는 팀장의 완벽한 리더십

해 개인이 성장하게 만들고, 이를 팀과 조직의 성과로 만들어 내는 것이다. 리더 혼자 똑똑하고 일을 다 하려는 리더는 리더십 관점에서 무능에 가깝다. 오히려 자신보다 더 나은 후배들을 여러 명 만드는 것이 목표가 되어야 한다.

어떤 리더들은 직원이 일을 잘하면 경쟁심을 느껴 견제하거나 다른 팀으로 보내기도 한다. 이러한 리더는 리더의 진정한 역할에 대해 전혀 모르는, 리더의 자격이 없는 리더이다. 그래서 리더의 역할을 제대로 이해하는 것이 중요하다. 이제부터 리더의 역할에 대해 본격적으로 알아보자.

관리자가 아닌
리더가 되자

⚡ 리더와 관리자

리더와 관리자는 어떤 차이가 있을까? 리더십 연구로 유명한 워렌 베니스는 '관리자는 현 상태를 수용하고 통제를 하며 시스템과 구조에 초점을 맞추는 사람이고, 리더는 혁신을 주도하고 창조적이며 인간과 신뢰에 초점을 맞추고 수평적인 관점으로 옳은 일을 하는 사람'이라고 정의했다. 이는 관점과 태도가 완전히 다른 정의라고 할 수 있다.

관리자는 당장의 성과를 내기에는 쉬울 수 있으나 지속적인 성과와 구성원의 성장에는 도움을 주지 못한다. 자칫 단기적인 성과 때문에 구성원들을 조직에서 떠나보내는 역할을 하게 될지도 모른다.

물론 관리자의 역할이 중요하지 않다는 것이 아니다. 관리자로서의 역할도 리더에게 필요하다. 훌륭한 리더는 리더의 역할과 관리자의 역할을 모두 잘해 내는 사람이다. 리더의 역할에 중심을 두고 필요에 따라 관리자의 역할을 함께 하다 보면 최상의 리더가 될 수 있다. 워렌 베니스는 관리자와 리더를 다음과 같이 구분하고 있다.

관리자	리더
결과에 대한 책임	사람에 대한 책임
일을 올바르게 하는 것	올바른 일을 하는 것
목표 달성을 위한 전략과 관리	구성원이 비전을 만들 수 있도록 비전 제시
주어진 과업을 시간 내에 완수	사명과 가치를 만들고 비전 제시와 방향성 제시
성과 달성을 위해 시스템 조직화	혁신과 변화를 추진하고 새로운 도전
팀의 목표 달성에 집중	구성원들이 더 나은 미래를 그릴 수 있도록 지원
목표 달성을 위해 제도와 규칙을 구조화	구성원에게 영감을 제시하고 동기부여
HOW 중심의 일처리	WHY에 중심, 이것을 왜 하는가에 집중
단기적인 목표	장기적인 목표
수직적인 소통 지향	수평적인 소통 지향

⚡ 리더는 타고나는가? 길러지는가?

리더는 타고나는 것일까? 아니면 길러지는 것일까? 지금까지도 매우 첨예하게 대립하고 있는 문제다. 초기의 특성이론 관점에서는 리더의 자질이나 특성은 타고나는 것이지 길러질 수 없다는 논리를 펴기도 했다. 그러나 이후 연구에서는 리더의 타고난 특성도 있겠지만 많은 부분은 교육될 수 있다는 결과들이 많이 나오고 있다. 물론 이러한 주장은 학자에 따라 다르기 때문에 특정해서 정의를 내리기는 어렵다. 하지만 최근에는 리더는 타고나거나 육성되기보다 다른 사람에 의해 선택된다는 관점이 더 설득력을 얻고 있다. 왜냐하면 구성원들이 리더를 리더로 인정해 줄 때 진정한 리더가 되기 때문이다. 결국 진정한 리더란 구성원들에게 리더로 인정받는 사람이다.

그렇다면 '능력' '노력' '태도' 중에서 리더에게 가장 중요한 것은 무엇일까? 일본에서 가장 존경받는 리더로 추앙받는 교세라의 이나모리 회장은 '태도'가 가장 중요하다고 강조한다. 그는 리더의 덕목에 대해 '태도'가 가장 우선이고, 그다음이 '노력'과 '능력'이라고 말한다. 재능만 믿고 능력주의로 일을 하는 리더는 오래가지 못한다. 구성원들에 대한 존중과 배려, 끊임없는 애정으로 리더십을 발휘하고 코칭하는 리더들이 최고의 리더로 존경받는다. 태도는 타고나는 것이 아니라 오랜 시간 성공과 실패의 경험을 통해 만들어지는 것이어서, 태도가 좋은 리더는 반드시 좋은 성과를 낸다.

LEADERSHIP

리더의 역할과 책임

⚒ 리더의 7가지 역할과 책임

당신이 지금 리더이거나 이제 막 리더가 되었다면 어떤 역할과 책임을 가져야 할까? 많은 리더십 논문과 연구들을 종합해 리더가 반드시 수행해야 할 역할과 책임을 7가지로 정리해 보았다.

1) 조직의 성과를 극대화하는 리더

리더의 역할과 책임 중 가장 중요한 것은 조직에서 주어진 목표를 달성하고, 성과를 창출하는 것이다. 이때 조직의 목표를 달성하기 위해서는 코칭과 피드백을 통해 구성원들에게 올바른 방향을 제시해야 한다. 리더 혼자서 일하는 것이 아니라 구성원들이 지혜롭게 일을 찾아서 할 수 있도록 코칭하고, 구성원들이 힘들고 어려울 때 지지해 주고 가이드를 제시하고 리딩해 주는 것이 리더의 첫

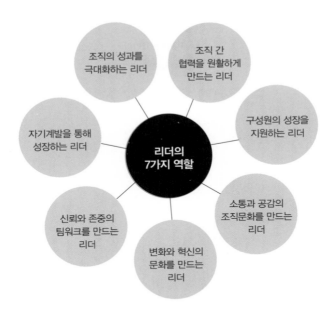

번째 역할이다. 여기에서 핵심은 리더 혼자서 성과를 창출하지 않는 것이다. 혼자 열심히 해서 성과를 내는 리더는 실무자형 리더이다. 구성원들이 스스로 일을 찾아 성과를 낼 수 있도록 코칭하고 피드백하는 리더가 훌륭한 리더이다.

2) 조직 간 협력을 원활하게 만드는 리더

조직의 경계를 넘어 협력을 이끌어 내며 고객가치를 위해 몰입하는 것이 리더의 역할과 책임이다. 팀워크를 구축하고 구성원 간의 상호 신뢰를 바탕으로 협업할 수 있게 만들어 성과를 내야 하는 것이다. 또 다른 팀과의 관계에서도 협력관계를 구축하고 지속적인 협업을 통해 어떠한 문제에도 유연하게 대처하며 시너지를 낼수 있어야 한다. 조직에서 가장 중요한 것이 협업이다. 아무리 훌륭

성과를 내는 팀장의 완벽한 리더십

한 팀이라도 다른 팀과 시너지를 내지 못하면 성과를 낼 수 없다. 훌륭한 리더는 다른 팀과의 관계에서 유연하게 소통하여 몇 배의 성과를 낼 수 있도록 조정하는 역할을 해야 한다.

3) 구성원의 성장을 지원하는 리더

구성원의 성장이 조직의 성장이다. 구성원들이 스스로 일을 찾아 해결하는 등 역량이 높아지면 성과는 자연스럽게 나오게 된다. 리더는 구성원 개개인의 경력개발계획을 확인하여 커리어를 쌓을 수 있도록 돕고, 성장을 위해 필요한 것들을 물심양면으로 지원해야 한다. MZ세대의 최대 관심사는 자신의 성장이다. 그 욕구를 충족시켜 주는 리더는 자연스럽게 성과라는 열매를 얻을 것이다. 반면 성장에는 관심이 없고 직원들에게 세밀하게 관리만 하려고 하는(마이크로 매니징) 리더는 실패하게 된다. 구성원들이 인정하지 않는 리더는 자리에 오래 머물 수 없다. 과거와 달리 카리스마 넘치는 리더는 버티기 힘든 세상이 되었다.

구성원들을 꾸준히 관찰하고 지원이 필요한 부분은 무한 코칭을 통해 성장할 수 있게 만들면 조직의 변화와 성과는 자연스럽게 이루어진다. 구성원을 위해 교육과 코칭을 하고, 필요한 것을 무한 지원하자. 그것은 비용이 아니라 투자다. 작은 투자가 더 큰 성과를 만들어 낼 것이다.

4) 소통과 공감의 조직문화를 만드는 리더

리더는 구성원들과 끊임없이 소통하고 공감해야 한다. 건강한 조직문화를 만들기 위해 구성원 간의 갈등이 있는지 확인하고, 어려움이 있다면 꾸준히 경청과 공감을 통해 손을 잡아주어야 한다. 어떠한 어려움도 극복할 수 있다는 긍정적인 마인드로 소통이 흐르는 건강한 조직문화를 만들어 내야 한다. 리더에게는 수많은 역량이 필요하지만 그중 압도적으로 중요한 것이 소통 역량이다. 소통을 잘하면 문제가 쉽게 해결된다. 안 될 것 같은 문제도 지속적으로 들어주고 공감하면 좋은 결과를 만들 수 있다. 사람들이 가진 대부분의 문제와 갈등은 소통이 되지 않기 때문이다. 시간이 없어도, 힘들어도 소통을 시도해 보자. 그러면 답이 보일 것이다.

5) 변화와 혁신의 문화를 만드는 리더

변화와 혁신은 조직의 영원한 화두다. 성장하는 조직은 구성원들이 자신의 생각과 아이디어를 자유롭게 표현하고 이야기할 수 있는 심리적 안정감이 있는 곳이다. 따라서 기존의 규율이나 문화에 얽매이지 말고 성취하고자 하는 목표가 있으면 그것을 달성할 수 있도록 도와주는 것이 리더의 역할이다. 이처럼 리더는 변화에 대한 과감한 도전과 혁신에 대한 의지를 지지해 줄 수 있어야 한다.

세상은 너무나 빠른 속도로 변화하고 있고, 그 변화를 가장 잘 읽는 사람들이 MZ세대다. 그들이 세상을 바라보는 트렌드를 확인하고, 그들이 무엇이든 할 수 있도록 문화를 만들어 줘야 한다. 권위의식과 수직적인 소통 방식으로는 변화와 혁신을 절대 이루어 낼 수 없다. 리더가 수평적인 자세로 그 어떤 의견도 들어줄 수 있는 문화를 만들면 변화와 혁신은 자연스럽게 이루어진다.

6) 신뢰와 존중의 팀워크를 만드는 리더

구성원들이 일에 몰입하기 위해서는 리더와 신뢰관계가 형성되어 있어야 한다. 서로 믿고 의지하며 어떤 어려움도 이겨 낼 수 있는 팀워크를 만들어 조직의 미래를 밝혀줄 통찰력을 발휘하는 것이다. 신뢰와 존중은 시대를 초월하여 기성세대와 MZ세대를 연결하고 업무에 몰입시켜 원하는 결과를 만들어 낸다.

구성원에게 신뢰를 얻었다는 것은 그들이 리더에게 하고 싶은 말을 모두 할 수 있다는 것이다. 그것이 부정적인 말일지라도 그들의 생각을 솔직하게 말할 수 있어야 한다. 상사가 두려워 말하지 못한다면 그것은 신뢰 형성이 되지 않은 것이다. 일하면서 생기는 수많은 문제와 어려움을 리더와 상의하고, 문제해결을 위해 머리를 맞대고 함께 고민하는 상황이 신뢰를 만든다. 조직의 성과는 투명하고 솔직하게 서로를 드러낼 때 극대화되고, 어떤 어려움도 같이 이겨 낼 수 있는 힘을 얻을 수 있다. 서로를 존중하면서 비난하지 않는 문화, 우리는 한 팀이라는 믿음을 갖는 조직은 반드시 성공한다.

7) 자기계발을 통해 성장하는 리더

매일매일 학습을 통해 꾸준히 성장하는 리더, 리더로서의 역할과 책임을 알고 조직의 비전과 개인의 비전을 정렬하여 끊임없이 자기성찰을 통해 변화하려고 노력하는 리더, 전문성 개발을 위해 학습하고 역경이 있을 때마다 조언을 구하며 자신의 자리에서 안주하지 않으며 끝까지 성장하는 리더가 진정한 리더다. 일단 리더가 되면 더 많이 배워야 한다. 교육 현장에서 강의에 가장 몰입하는 대상자들이 리더들이다. 그들은 어떤 교육 대상자보다도 교육에 열정적이며 적극적으로 참여하고 질문도 많이 한다. 왜냐하면 배워야 할 것이 너무나 많다는 것을 잘 알고 있기 때문이다.

훌륭한 리더일수록 자신의 부족함을 깨닫는 자기인식 역량이 뛰어나다. 수많은 경험을 통해 리더라는 자리에 올라왔지만 여전히 어렵고 힘들다. 그래서 다양한 사람을 만나고 책을 읽고 세미나에 참여하는 등 잘 모르는 분야는 집중적으로 학습해야 한다. 상사, 부하직원 할 것 없이 나에게 도움이 된다면 가서 물어봐야 한다.

리더가 성장해야 구성원들이 성장한다. 자신이 성장하지 않는데 어떻게 구성원들을 성장시킬 수 있겠는가? 구성원은 리더가 성장하는 만큼 성장한다. 리더의 그릇만큼 커진다. 따라서 리더는 사명감과 책임감을 가지고 스스로 계속해서 단련하고 학습해야 한다. 루틴을 통해 모든 것을 학습하고 성공 사례들을 찾아 체험해야 한다. 결국 조직을 살리는 것은 리더의 솔선수범이다. 스스로 앞장서서 학습할 때 성장마인드셋은 극대화된다.

⧗ 리비히 최소량의 법칙

1840년 리비히가 주장한 최소량의 법칙이 있다. 생물이 환경 속에서 살아갈 때에는 많은 자원이 필요하다. 예를 들어 식물 플랑크톤은 빛과 질산염·인산염·규산염 등 많은 종류의 자연환경 자원이 필요한데, 자원은 생물이 필요하는 것보다 많거나 적을 수 있다. 이

때 필요량에 비해 상대적으로 적은 한 종류의 자원이 그 생물에 영향을 미치게 한다는 이론이다.

통나무통을 예로 들면 물이 차 있는 나무통에서 다른 부분은 멀쩡한데 한쪽 부분이 깨져 있다면 그곳으로 물이 새게 된다. 리더십도 마찬가지다. 리더의 7가지 역할 중 6가지가 아무리 뛰어나더라도 한 가지가 부족하면 리더십 발휘에 큰 문제를 일으키게 된다. 혹시 하나라도 부족한 역할이 있다면 자기인식을 통해 부족한 역할을 집중적으로 노력해 개선해야 한다. 그래야만 성장할 수 있다. 리더의 지속적인 성장은 결국 리더 자신의 자기인식과 끊임없는 노력에 따라 달라진다.

리더의 핵심역량

⚮ 리더의 4가지 핵심역량

세계적인 리더십 기관인 CCL Center for Creative Leadership에서는 리더에게 꼭 필요한 4가지 핵심역량으로 커뮤니케이션, 영향력, 학습민첩성, 자기인식을 선정했다. 이는 리더라면 반드시 가지고 있어야 하는 핵심역량이자 항상 최상의 상태로 유지해야 하는 역량이라고 설명하고 있다. CCL에서 발간한 《COMPASS》를 참고해 리더의 4가지 핵심역량에 대해 살펴보자.

1) 커뮤니케이션 역량

커뮤니케이션 역량이란 명확하고 일관되게 말하고 쓰고 경청하는 것을 말한다. 리더가 신뢰를 얻기 위해서는 누구보다 잘 들어야 하고 상황과 대상에 맞춰 자신의 생각과 감정을 분명하게 전달하

성과를 내는 팀장의 완벽한 리더십

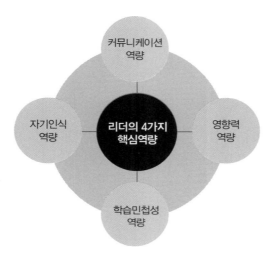

고 말할 수 있는 역량이 필요하다. 이는 리더의 모든 역량 중에서 가장 중요한 역량이다. 커뮤니케이션 역량이 낮으면 다른 역량이 아무리 훌륭해도 시너지 효과를 낼 수 없고, 이 역량이 부족한 리더는 훌륭한 리더로 성장할 수 없다.

커뮤니케이션 역량이 뛰어난 리더들의 행동

- 간단, 명료, 정확하면서도 담백하게 말한다.
- 다른 사람의 생각을 정확하면서도 신중하게 듣는다.
- 미소, 표정, 열정적인 모습, 목소리 등 비언어 커뮤니케이션을 잘 활용한다.
- 타인의 감정과 본심을 잘 파악할 수 있으며 적극적으로 경청한다.
- 상대방이 이해하기 쉽게 생생한 이미지로 느껴지게 대화를 한다.
- 스토리에 집중할 수 있게 간결하게 예시를 들어 말한다.
- 보고서나 기획서는 문서 커뮤니케이션이다. 상사나 동료가 쓴 양질의 보고서를 보고 인사이트를 얻어 개선된 보고서를 만든다.

2) 영향력 역량

영향력 역량이란 사람들의 협력과 노력을 얻기 위해 설득하는 것을 말한다. 구성원, 파트너, 공급자, 협력업체, 고객 등 다양한 사람들에게 영향력을 줄 수 있는 역량이다. 영향력 있는 리더는 그 존재만으로 구성원들에게 변할 수 있는 에너지를 주고, 말과 행동 하나하나로 구성원들의 마음을 움직이게 만드는 힘이 있다.

영향력 역량이 뛰어난 리더들의 행동

- 어떤 말과 행동이 사람들의 마음을 움직이게 하는지 잘 알고 있다.
- 영향력의 범위는 조직의 상하좌우 모든 영역이다.
- 자신의 권한이나 위치가 아닌 존재 자체로 다른 사람들에게 영향을 줄 수 있다.
- 다른 조직의 영향력 있는 사람들과 유기적으로 연결되어 있다.
- 일을 할 때 사람들과 협력적이고 유연하다는 평가를 받는다.
- 어려움이 있을 때 장애물을 극복하고 파트너십을 조성하며 자원을 공유한다.
- 익숙한 방식에서 벗어나 다양한 방식을 탐구한다.
- 논리·감성·협력에 근거하여 설득한다.
- 긍정적인 영향력을 줄 수 있는 다양한 방법들을 고민하고 창의적인 방식으로 사람들을 설득한다.

3) 학습민첩성 역량

학습민첩성 역량이란 다양한 경험을 탐색하고 배운 내용을 새로운 도전에 적용하는 것을 말한다. 학습민첩성은 호기심·통찰력·지

성과를 내는 팀장의 완벽한 리더십

략·적응력 등의 행동들로 구성되며, 어떠한 환경에서도 민첩하게 적응하고 어려움에 처할 때 역경을 이겨 낼 수 있는 회복탄력성을 갖는 역량이다.

학습민첩성 역량이 뛰어난 리더들의 행동

- 새로운 것을 배우는 것에 관심이 많고 다양한 관점에서 생각하는 것을 선호한다.
- 학습에 대한 욕구가 높기 때문에 주변에 도움을 줄 수 있는 사람들을 찾고, 성장에 도움을 줄 수 있다면 어떤 사람이라도 기꺼이 친구가 될 수 있다.
- 새로운 것에 대한 수용성이 높아 기술을 습득하고 수정하고 가르칠 수 있다.
- 자신에 대한 피드백에 관대하며, 건설적인 피드백을 오히려 반가워하고 자신을 개선할 기회라고 생각한다.
- 일에 대한 끈기, 학습력, 정서적 연대감이 높다.
- 초심으로 돌아가 스스로를 돌아보고, 새로운 것을 배우려 하며, 관심 있는 것을 탐구하려고 한다.
- 나의 전문성을 도와줄 수 있는 사람이 주변에 많다.
- 정체되는 순간 리더십은 끝이 난다. 개인적인 목표와 전문성에 대한 목표를 세우고 그것을 이루기 위해 스스로를 끊임없이 성찰한다.

4) 자기인식 역량

자기인식 역량이란 피드백과 반성을 통해 자신의 장점을 이해하고 필요한 자기계발 영역을 찾는 것을 말한다. 자기인식은 자신의 계발에 필요한 자기를 이해하는 것이다. 자신의 강점과 약점을 인식하여 강점은 더 강화하고 약점은 보완할 수 있도록 자신을 명확하게 바라봐야 한다. 리더 스스로 자신을 인지하고 어떻게 행동해야 하는지를 안다는 것은 진정한 리더십의 힘이다. 한 통계조사에 따르면 리더들은 자기인식이 많이 떨어지는 것으로 나타났다. '나는 부하직원에게 존경받고 있는가?'라는 질문에 리더의 76%는 그렇다고 답한 반면, 구성원들은 16%만이 그렇다고 대답했다. 이는 리더들이 얼마나 상황을 인지하지 못하고 있는지를 극명하게 보여주는 결과이다.

자기인식 역량이 뛰어난 리더들의 행동

- 자신이 구성원들에게 미치는 영향력의 정도를 제대로 이해하고 있다.
- 자신에게 부족한 것이 무엇인지 잘 알고 있고, 그것을 개선하기 위해 지속적으로 노력하고 있다.
- 자신의 변화를 위한 건설적인 피드백을 구성원들에게 요청하고, 피드백에 대해서는 적극적으로 수용한다.
- 진실하고 사려 깊으며 수용적이며 관찰력이 있다는 평가를 받는다.
- 자기인식은 고통스럽고 불편한 것이다. 자신에 대한 부정적 피드백은 감정적으로 상처를 줄 수 있다. 그럼에도 불구하고 고통을 이겨내고 불편함을 덜어내면 자기인식이 높아진다. 그러한 과정을 거친 리더들은 어떤 어려움이 생겨도 빠른 시간 안에 극복하는 높은 회복탄력성을 보여준다.

⚒ 리비히 최소량의 법칙

리더의 핵심역량도 리비히 최소량의 법칙이 적용된다. 4가지 역량 중 단 한 가지라도 낮아서는 안 된다. '3가지 역량이 높으니 한

가지 역량은 낮아도 되겠지'라는 생각은 큰 오판이다. 하나라도 부족하면 나무통의 물이 새듯이 리더로서 치명적인 문제가 생길 수 있다. 훌륭한 리더가 되기 위해서는 리비히 최소량의 법칙에 따라 한 가지도 부족함 없이 끊임없이 노력해야 한다.

SCM팀을 담당하는 팀장이 있다. 효율적이고 과학적으로 SCM팀을 이끌며 성과도 좋고, 스스로 자기계발도 열심히 하고, 직원들에게 관련 자격증을 따게 하는 리더이자 적절하게 업무 위임도 할 줄 아는 역량 있는 팀장이었다. 여러모로 성과를 내기 위한 좋은 역량을 가졌지만, 소통과 협력에 대한 역량은 최하점을 받을 만큼 문제가 있었다. 그렇다 보니 다른 부서 팀장들과 잦은 마찰로 상사평가 외에 동료평가, 부하평가 등의 다면평가에서 좋지 못한 평가를 받았다. 분명 다른 역량은 뛰어났지만 커뮤니케이션 역량이 떨어지기 때문에 좋은 리더로 평가받지 못한 것이다. 업무 성과가 좋아 주목을 받기는 했지만 결국 커뮤니케이션의 문제로 인해 많은 사람들에게 공격을 당하고 원하는 자리까지 올라가지 못했다.

LEADERSHIP
INSIGHT

Part 2

리더의 신뢰

리더십에 있어 리더의 영향력의 토대가 되는 것은 신뢰이다.
- 존 맥스웰(《리더십 불변의 법칙》 저자)

신뢰를 얻는 핵심요소

리더와 구성원 간의 신뢰 형성은 무엇보다 중요하다. 구성원과 신뢰가 형성되었을 때 리더십이 제대로 발휘될 수 있다. 신뢰는 인간의 가장 기본적인 인성이자 리더의 속성이기 때문이다. 신뢰받는 리더는 구성원들을 관리하고 코칭하는 일에 어려움이 없지만, 신뢰받지 못하는 리더는 구성원들에게 아무리 객관적인 피드백을 해도 잘 듣지 않는다. 그래서 리더와 구성원 간의 관계에 있어서 신뢰 형성은 첫 번째 조건이다.

⚖ 신뢰의 의미

'신뢰'란 둘이나 그 이상의 개인 사이의 관계, 서로가 서로에게 이로운 방식으로 행동하리라는 예상을 특징으로 하는 관계이다.

둘 사이에 신뢰가 형성되었다는 것은 상대방이 어떤 행동을 해도 나에게 도움이 될 것이라는 믿음이 있다는 것이다. 반면 신뢰가 없다는 것은 상대방의 행동이 의심스럽다는 생각이 있기 때문에 좋은 관계를 형성할 수 없다.

신뢰는 또 관계를 맺은 각 개인이 일관된 방식으로 행동하리라고 예측할 수 있는 상태이다. 따라서 예측가능성과 일관성이 사라지면 신뢰도 사라진다. 예를 들어 보자. 영화에서 보면 두 명의 경찰이 한 조를 이루어 움직이는데 범인을 잡을 때 한 명이 총을 들고 위험한 곳에 침투하면 한 명은 뒤에서 침투한 경찰을 엄호한다. 이런 상황에서 침투한 경찰이 뒤의 동료가 나를 엄호하고 있다는 것을 신뢰하지 않으면 제대로 침투하기 어려울 것이다. 마찬가지로 구성원들은 리더가 올바른 의사결정을 하고 팀워크를 통해 성과를 내고 구성원의 성장을 위해 리더십을 발휘하고 있다는 신뢰를 가질 때 일에 몰입할 수 있다.

⚜ 신뢰의 3C

패트릭 스위니 박사는 신뢰에는 '능력 Competency' '인성 Character' '배려 Caring'의 3가지 요소가 있다고 말하는데, 앞글자를 따서 '신뢰의 3C'라고 한다.

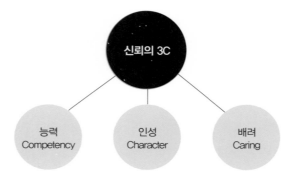

1) 능력

능력Competency은 리더가 가진 전문성과 통찰력이다. 구성원들은 유능한 리더를 믿는다. 자신이 성장해야 하기 때문에 전문성 있는 리더와 일을 할 때 더 몰입할 수 있다. 무능한 리더는 조직을 망칠 수 있기 때문에 리더가 능력이 없으면 신뢰를 잃게 된다.

2) 인성

인성Character은 개인의 의욕, 행위, 태도에 일관되게 나타나는 인물의 특징이나 성품이다. 리더의 역량이 아무리 뛰어나더라도 신의가 없고 의무를 회피하며 상대를 존중하지 않는 등 인성이 결여되어 있으면 신뢰를 얻기 힘들다. 인성은 쉽게 바뀌지 않기 때문에 한 번의 실수를 인정해 줬다고 해서 다음에 계속 잘되리라는 보장이 없다. 따라서 인성이 모자라면 리더십은 실패한다.

3) 배려

배려Caring는 상대방을 존중하고 인정하는 진정성 있는 마음이다. 구성원들에 대한 진실한 배려는 힘든 상황에서 구성원들이 올바른 일에 헌신하도록 진정성 있는 모범을 보이는 것이다. 무엇이든 내가 먼저라는 생각은 배려심이 없는 태도이다. 구성원들이 먼저라고 생각하는 리더에게 사람들은 배려심을 느낀다. 일하는 상황마다 구성원의 입장에서 생각해 주고 일처리를 도와주는 리더가 배려심 있는 리더이다.

스위니 박사는 능력, 인성, 배려의 모범을 보여주는 리더들이 다른 어떤 리더들보다 큰 성과를 달성했다는 연구결과를 냈다. 신뢰를 주는 리더에게는 구성원들이 성과로 보답한다. 구성원들이 리더와 함께 일하는 것이 의미와 가치가 있다고 생각하기 때문에 일에 몰입할 수 있고 결국 성과로 나타나게 된다.

▲ 신뢰를 주는 진정성의 4요소

구성원들이 신뢰를 느낄 수 있는 것은 리더의 진정성 때문이다. 리더가 구성원에게 진실된 모습을 보여줄 때 구성원들은 리더를 따른다. 신뢰를 주는 진정성의 4요소에는 투명성, 도덕성, 균형 잡힌 처리, 자아인식이 있다.

1) 투명성

투명성 transparency이란 자신의 진정성 있는 자아를 다른 사람들에

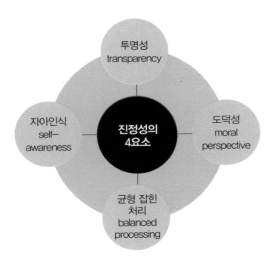

게 보여주며 자신의 진실한 생각과 감정의 표현을 통해 신뢰를 주
는 것이다. 거짓 없이 솔직하게 말하며, 이 말이 공정하다는 느낌을
준다면 신뢰감을 얻을 수 있다. MZ세대들은 공정성에 특히 민감하
다. MZ세대는 삶의 과정들이 경쟁이었기 때문에 그 과정에서 공정
성이 훼손되었다고 생각되면 분노하게 된다. 따라서 리더의 행동
과 의사결정, 평가와 피드백 등 모든 행동에서 투명하고 공정해야
한다. 투명성이 무너지는 순간 신뢰는 사라진다.

2) 도덕성

  도덕성moral perspective이라는 가치를 자기 삶의 규범으로 내재화
하고 통합된 행동을 하며 사는 사람을 도덕적인 사람이라고 부른
다. 스스로 자신을 통제하고, 해야 할 것과 하지 말아야 할 것을 구
분하며, 삶의 내면에 깊은 도덕적 원칙을 가지고 사는 사람에게 진

정성을 느낀다. 도덕적인 행동을 하는 것은 사회의 보편타당한 가치를 인정하는 것이다. 구성원에게 부끄럽지 않은 행동을 한다는 의미이며, 리더로서 수많은 의사결정의 상황에서 모든 사람이 인정할 수 있는 합당한 행동을 한다는 의미이다.

3) 균형 잡힌 처리

균형 잡힌 처리balanced processing란 의사결정을 할 때 모든 관련 자료를 객관적으로 분석하고 다양한 관점에서 의견을 수렴하는 것이다. 리더도 사람이기 때문에 균형을 잡기가 어려울 수 있다. 특히 감정적인 성향이 강한 사람들은 가까운 사람에게 감정을 이입할 수도 있다. 그러나 진정성 있는 리더는 어떤 상황에서도 중립을 지키고 균형감각을 유지해야 한다. 또 이성과 감성을 적절하게 조화시키며 상황에 맞는 행동을 할 수 있어야 한다.

4) 자아인식

자아인식self-awareness이란 자신의 강점과 약점을 인지하고, 다른 사람에게 자신의 부족한 부분을 알리고 스스로 개선하려고 노력하며, 자신에 대한 통찰력을 통해 타인에게 영향력이 있음을 알고 있는 것이다. 리더가 자신의 부족한 부분을 드러내는 것은 쉬운 일이 아니다. 그러나 진정성 있는 리더는 자신을 객관적으로 돌아보고, 구성원의 피드백을 받아들여 자신의 부족한 점을 개선하려고 노력한다. 이처럼 리더가 스스로 개선하려고 할 때 구성원들은 진정성을 느낀다.

신뢰 형성과 신뢰 회복

⚑ 신뢰 형성을 위한 4가지 솔루션

리더와 구성원 간의 신뢰가 형성되었다는 것을 어떻게 알 수 있을까? 우선 리더와 구성원이 허심탄회하게 대화를 나누고 불편한 피드백도 할 수 있는 소통문화가 구축되어 있다면 일정한 신뢰가 형성된 것이다. 그런데 더 중요한 것은 구성원의 비판적인 피드백까지도 리더가 진솔하게 받아들일 수 있는 피드백 문화가 조성될 때 상호 신뢰가 완벽하게 형성되었다고 볼 수 있다. 《팀장의 탄생》의 저자 줄리 주오는 리더가 구성원에게 신뢰를 얻는 4가지 방법을 다음과 같이 설명한다.

1) 구성원을 진심으로 존중하고 배려한다

신뢰를 한다는 것은 상대방을 진심으로 아껴주는 것이다. 구성

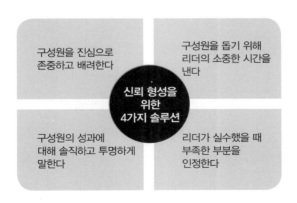

원을 아끼는 마음 그대로를 투명하게 보여주면 된다. 하지만 구성원을 배려하고 존중하지 않으면 티가 나게 되어 있다. 보통 말, 표정, 목소리, 비언어 커뮤니케이션을 통해 드러나기 때문에 영혼이 없는 말은 절대 하지 말아야 한다. MZ세대는 말만 하고 행동하지 않는 리더에 대해 불편해한다. 따라서 말과 행동에 진심을 담아 전달한다면 구성원들은 리더에게 신뢰를 선물해 줄 것이다.

2) 구성원을 돕기 위해 리더의 소중한 시간을 낸다

리더에게 가장 중요한 자원인 시간과 에너지를 구성원을 위해 사용할 때 더욱 신뢰할 수 있는 관계가 형성된다. 리더가 바쁜 시간을 내 소통한다는 것을 알면 구성원들은 리더가 관심을 가지고 있다는 것을 느끼게 된다. 따라서 아무리 바빠도 1대1 면담을 자주 가지고, 구성원들과 대화를 할 때는 나를 먼저 솔직하게 보여줘야 한다.

이처럼 자주 만나 서로에 대한 관심사와 업무에 대한 진척사항을 확인할 때 신뢰가 형성된다. 구성원들은 서로 간에 대화가 이루어져야 피드백이 생기고 성장한다고 믿기 때문이다.

3) 구성원의 성과에 대해 솔직하고 투명하게 말한다

구성원에 대한 솔직한 평가는 그들의 성장에 큰 힘을 발휘한다. 리더는 평소에 구성원이 무엇을 기대하고 자신이 그 기대에 얼마나 부합하는지 잘 알고 있어야 한다. 잘했을 때는 적극적으로 칭찬을 해주고, 기대에 미치지 못했다면 꼭 건설적 피드백을 해줘야 한다. 구성원들은 돌려 말하는 것을 원하지 않는다. 자신의 행동에 대해 솔직한 피드백을 원한다. 감정이나 추측으로 피드백하는 것이 아니라, 있는 그대로에 대해 객관적이고 투명한 피드백을 원하는 것이다.

솔직한 피드백은 구성원들의 변화를 이끌어 내고 더 열심히 할 수 있는 동기부여를 준다. 진심은 통하게 되어 있다. 솔직하고 투명한 피드백은 서로를 신뢰할 수 있는 가장 확실한 소통법이다.

4) 리더가 실수했을 때 부족한 부분을 인정한다

힘들 때 도움이 되는 것은 조언이나 해답이 아니라 공감이다. 리더가 자신의 취약성을 솔직하게 드러낼 때 구성원들은 리더의 어려움을 공감해 준다. 많은 리더들이 자신의 실수나 치부를 드러내는 것을 두려워하고 숨기려 하는데, 그러한 모습은 자칫 리더가 자신들을 무시하고 있다고 오해받을 수 있다. 강한 척하거나 리더가 모든 것을 책임진다는 식의 책임감은 포장에 불과하다. 어렵고 힘

성과를 내는 팀장의 완벽한 리더십

들 때 구성원들에게 솔직하게 현 상황을 이야기하고 문제를 함께 해결해 나가는 것이 신뢰를 얻는 길이다.

리더의 취약성은 진실이나 용기와 비슷하다. 리더의 취약성에 대해 오랜 시간 연구한 휴스턴대학의 브레네 브라운 교수는 리더가 자신의 취약한 부분을 솔직하게 공유할 때 구성원들은 리더의 어려움에 공감하고 함께하려고 한다고 말한다. 업무 현장에서 리더가 힘이 들 때 이렇게 말해 보는 것이다.

"이번 프로젝트를 진행하면서 여러분이 많이 힘들 거라는 것을 잘 알고 있습니다. 저도 마찬가지입니다. 어려움이 많았고, 때로는 외롭고 지치며, 일이 힘들 때는 그냥 모든 것을 놓아 버리고 싶을 때도 있었습니다. 그러나 리더로서 이 프로젝트가 얼마나 중요한지를 잘 알기에 여러분께 힘을 합쳐 어려움을 잘 극복해 보자고 말씀드리고 싶습니다!"

⚑ 신뢰 회복을 위한 6가지 프로세스

신뢰에는 리더가 컨트롤할 수 있는 것과 컨트롤할 수 없는 것이 존재하며, 보통 컨트롤할 수 있는 것을 통해 컨트롤할 수 없는 것을 얻을 수 있다. 리더가 자신의 취약성을 솔직하게 보여주며 투명하게 일처리를 하면 구성원들은 모든 상황을 이해해 준다. 따라서 말로만 하지 않고 직접 몸으로 보여주면 신뢰를 얻을 수 있을 것이다.

컨트롤할 수 없는 것	이해	⇨	공감	⇨	신뢰
컨트롤할 수 있는 것	투명하게 행동		취약성을 드러냄		말로만 하지 않고 보여주기

　리더도 사람이다. 언제든 신뢰를 잃을 수 있고 잘못된 의사결정을 할 수 있다. 중요한 것은 리더가 신뢰를 잃는 행동을 했을 때 신속하게 처리해야 한다는 것이다. 코우즈 앤 포스너는 6A 프로세스를 활용하여 신뢰를 회복할 수 있다고 말한다.

신뢰 회복 6A 프로세스

6A	신뢰 회복 방법
Accept(수용)	리더가 실수하거나 잘못된 의사결정을 한 것에 대해 책임을 받아들인다.
Admit(인정)	자신이 실수한 것에 대해 회의나 미팅 등 공식적인 자리에서 솔직하게 인정한다.
Apologize(사과)	구성원들에게 마음에서 우러나는 사과를 한다.
Act(실행)	리더의 실수로 일어난 일이기 때문에 결과에 대해 빠르게 행동하여 처리한다.
Amend(수정)	실수에 대해 어려움이 있더라도 문제해결을 위해 지속적으로 노력한다.
Attend(주의)	문제를 해결할 때 구성원에게 충분히 자문을 구하고 주의를 기울여 일을 처리한다.

　신뢰를 잃었을 때 빨리 회복하는 것은 쉽지 않은 일이다. 그럼에도 리더가 진정성을 가지고 6A 프로세스에 따라 노력한다면 신뢰 회복은 충분히 가능하다. 신뢰를 잃었을 때 거짓으로 눈속임하려고 해서는 안 된다. 어떤 리더들은 아무런 말도 하지 않고 어물쩍 넘어가려고 하는 경우도 있다. 구성원들이 알아주겠지 하는 안일한 생각을 가진 경우도 많다. 실수는 누구나 할 수 있지만 실수로

성과를 내는 팀장의 완벽한 리더십

인해 신뢰를 잃었을 때에는 구성원들에게 솔직하게 인정하고 최대한 빠른 조치를 취하는 것이 중요하다. 리더가 진정성 있게 실수에 대한 후속조치를 취하고 미안해한다면 구성원들은 신뢰를 가지고 그 행동에 따를 것이다. 실수는 신뢰를 만회할 수 있는 좋은 기회가 될 수 있다는 것을 꼭 기억하자. 함께 팀워크를 발휘해 더 큰 성과를 낼 수 있는 기회임을 잊지 말고 실수를 했을 때에는 6A를 통해 신뢰를 회복해 보자.

LEADERSHIP
INSIGHT

Part 3

리더의 조건

나쁜 오케스트라는 없다. 그저 나쁜 지휘자만 있을 뿐이다.

- 한스 폰 뷜로(독일의 지휘자)

인정받는 리더의 특징

　구성원이 리더로부터 인정받고 싶어 하는 것과 같이, 리더 또한 구성원들에게 인정받고 싶은 욕구가 있다. 구성원이 리더를 인정한다는 것은 리더십이 매우 긍정적인 상태라는 것을 의미한다. 그리고 인정받는 리더와 함께하는 구성원들은 리더를 신뢰하기 때문에 리더의 지시에 동의하며 따른다.

　이처럼 인정은 리더에게 성과를 낼 수 있는 기본적이면서도 강력한 동력이 된다. 인정받는 리더들은 다음과 같은 특징을 가지고 있다.

- 안정감을 주는 리더
- 복잡한 상황을 단순하게 정리해 주는 리더
- 업무 전문성을 보유한 리더
- 꾸준하게 자기계발을 하는 리더

- 업무 관련 네트워크를 보유한 리더
- 심리적 계약과 심리적 안정감을 주는 리더
- 솔선수범하는 리더
- 먼저 이겨놓고 싸우는 리더

리더는 구성원들에게 안정감을 주면서 할 말을 할 수 있도록 한다. 그리고 조직에서 발생하는 여러 가지 복잡하고 어려운 문제들을 단순하게 정리해 준다. 보통 구성원의 입장에서는 문제가 복잡해 보일 수 있는데, 이때 리더는 단순하게 정리하고 정확하게 지시를 해줘야 한다. 또한 구성원이 봤을 때 확실히 리더의 전문성을 인정할 만큼의 경험이나 지식을 보유하고 있어야 하고, 솔선수범하는 모습을 통해 리더를 자연스럽게 따르도록 하며, 일을 추진함에 있어서 치밀한 전략과 계획을 통해 확실한 해결책을 가지고 업무에 임해야 한다.

그럼 인정받는 리더가 되기 위해서는 어떻게 해야 하고, 어떤 것들이 필요한지 알아보자.

안정감을 주는 리더

리더가 우선적으로 챙겨야 할 것은 구성원들이 안정감을 가지고 일할 수 있도록 분위기와 환경을 제공해 주는 것이다. 그러면 구성원들은 리더를 인정하고 자신의 아이디어나 의견을 보다 적극적으로 펼치며 성과를 내기 위해 집중하게 된다. 그렇다면 리더는 구성원에게 안정감을 주기 위해 무엇을 해야 할까? 다음의 두 가지의 사실을 기억하고 직접 행동하면서 팀의 분위기를 조성해야 한다.

▼ 할 말을 할 수 있도록 만들어 주는 리더

첫째, 구성원들이 업무와 관련해 어떠한 의견을 내어도 불이익을 받거나 보복당하지 않을 것이라는 환경을 조성해야 한다. 영국의 정치가 에드먼드 버크는 '두려움만큼 우리에게 생각하고 행동

성과를 내는 팀장의 완벽한 리더십

하는 힘을 효과적으로 뺏어가는 감정은 없다'고 했다. 이처럼 구성원들에게 할 말을 하지 못하게 만드는 리더만큼 어리석고 안타까운 리더는 없다. 구성원들이 본인들의 의견을 낼 수 없는 두려운 조직은, 겉으로는 리더를 따르는 것처럼 보이고 잘되고 있는 것처럼 보일지 몰라도 실상은 상당한 위험을 가지고 있다.

두려운 조직의 구성원들은 앞에서는 리더를 따르는 것처럼 행동하지만 뒤돌아서면 리더에 대한 뒷담화나 불만과 불평을 쏟아낸다. 직원들이 퇴근 후 모인 술자리에서 안주 삼는 상사의 대부분은 이렇게 불안감을 조성하는 리더들이다.

> **(A대리)** 아! 도대체 O팀장은 회의시간에 나만 왜 그렇게 괴롭히는 거야? 자기가 이번 사업계획의 방향을 제대로 잡아줬으면 기획안이 그렇게 나오지 않았을 거 아니야. 평소에도 질문하면 짜증만 내고, 회의시간에 의견 얘기하면 핀잔이나 주고!
>
> **(B대리)** 그러게 말이야. 팀장만 문제가 있는 게 아니고 담당 상무도 팀장에게 그렇게 하잖아. 회의시간에 팀장의 부하직원들이 있는 자리에서 큰소리치고, 팀장이면서 기획안이 현장에서 제대로 굴러가는지 확인도 안하고 뭐하냐고…. 아휴 그걸 보면 팀장도 못할 자리 같아!
>
> **(A대리)** 그렇지. 우리는 조용히 시키는 일만 하고, 지적질 안 당하게만 하는 게 상책 같아, 그치?
>
> **(B대리)** 응, 맞아. 지난달 우리 팀에서 이직한 C대리 알지? 그 친구가 이직한 회사 기획팀은 그렇게 분위기가 좋대. 즐겁게 자기 의견 정확히 내고, 도전하는 분위기라고 좋아하더라!

(A대리) 우리도 이직 알아봐야 하는 거 아냐?

(B대리) 난 벌써 헤드헌팅 회사에 이력서 보내 두었어!

당신이 리더라면 이 사례를 잘 기억해 주길 바란다. 자유롭게 말하는 것에 두려움을 느끼는 구성원들은 본인의 역량을 발휘할 생각보다 지적받지 않으려고만 노력한다. 그리고 항상 이직을 위해 역량을 분산시킨다.

⚑ 혼자만의 책임으로 돌리지 않는 리더

둘째, 구성원이 감당할 수 없을 만큼의 책임을 혼자 감당하고 있다는 생각이 들지 않도록 해야 한다. 조직은 구성원들에 대해 과소평가나 과대평가를 하면 안 된다. 구성원이 어떤 일에 대해 본인 혼자서 모든 것을 책임져야 한다고 생각한다면, 그 직원은 매일 아침 출근길이 불편하고 괴롭게 느껴질 것이다. 이때 리더가 전체를 아우르는 콘트롤타워가 되어주면서 구성원들이 언제든지 서로 다른 구성원을 도울 수 있다는 생각을 가지도록 해야 한다.

리더가 져야 할 책임을 구성원에게 돌리고 있지는 않은지, 또 구성원들이 그렇게 생각하고 있지는 않은지 스스로를 돌아봤으면 한다.

(A대리) 나도 쉬고 싶은데⋯. 오늘도 야근이네. 벌써 저녁 8시. 집에서

성과를 내는 팀장의 완벽한 리더십

아내하고 세 살짜리 딸이 기다리는데 오늘도 11시 넘어서 아기 잘 때 들어가야 하는 건가? 팀장은 이걸 내일까지 상무님께 보고해야 한다고 던져 놓고서 자기는 칼퇴근하고 말이야. 그래 놓고 상무님께서 뭐 하나 지적하면 그것을 바로 나한테 뒤집어씌우고…. 일은 나 혼자만 하는 거야? 다른 직원들에게 일을 분산시켜 주던지….

리더는 본인이 실무자였던 시절을 기억해 보자. 지금의 MZ세대들은 매우 똑똑하다. 그리고 공정함에 대해 특히 예민하다. 다른 사람의 잘못을 전가하는 것에 대해서는 절대 참지 않는다. 어떤 식으로든 자신들의 의견을 표현한다. 따라서 리더는 팀이 가진 목표에 대해 구성원들 각자가 적절하게 수용할 만큼의 업무분장이 이루어지고 있는지 확인해야 한다.

복잡한 상황을
단순하게 정리해 주는 리더

조직은 각각의 부서가 유기적으로 연결되어 있다 보니 해결해야 하는 복잡한 문제들이 자주 발생한다. 이때 의사결정의 딜레마에 봉착하는 경우가 많은데, 상대적으로 경험이 부족한 구성원들은 복잡한 문제에 부딪히면 당황하여 업무의 방향을 잡지 못하게 된다. 이처럼 복잡한 문제에 봉착했을 때 리더는 앞장서서 문제를 해결해 줘야 한다.

(A대리) 팀장님! 생산부서에서 지금 만들 수 있는 차(Tea)의 최대 캐파(capa)가 이것밖에 안 된다고 합니다. 현재 재고가 거의 바닥났는데, 어떻게 해야 할까요?

(B대리) 우리 마케팅팀으로 사전에 요청했던 수량을 공급해 달라고 영업부서에서 난리입니다. 생산부서는 영업부서의 상황은 알겠지만 본인들의 캐파가 이것밖에 안 된다며 배째라는 식이고, 영업부서의 담당자

성과를 내는 팀장의 완벽한 리더십

들은 매일같이 전화, 이메일, 심지어 제 자리까지 찾아와 협박 아닌 협박을 하고 있습니다. 게다가 물류부서 역시 어느 부서의 요청에 따라 제품을 어디로 얼마나 출고하면 되냐고 매일 문의가 오고 있습니다. 생산, 영업, 물류부서에서 오는 연락이 무섭습니다!

(팀 장) 네, 여러 부서의 의견을 들어줘야 하는 업무이다 보니 어려움이 많았겠군요. 우선 이렇게 정리해 봅시다. 먼저 영업부서에서 요청한 수량을 영업 채널별로 구분해서 한눈에 볼 수 있도록 정리해 주세요. 그리고 영업 채널별로 요청한 물량을 공급하지 못한 경우에 발생할 수 있는 상황들을 유형별로 정리해 주세요.

(B대리) 네. 말씀하신 대로 정리해 보니 3가지 유형으로 정리가 되었습니다. A유형은 물량을 공급하지 못했을 경우 우리와의 거래관계가 아예 상실되는 경우이고, B유형은 공급하지 못한 제품 수량에 대한 페널티가 발생하는 경우이고, C유형은 거래처 바이어에게 양해를 구하면 일단은 납품기한을 연장할 수 있는 경우네요!

(팀 장) 네. 잘 정리했네요. 그럼 이 자료를 통해 A유형의 거래처에 우선하여 공급하고, 다음은 B유형에 대해 대응합시다. 마지막으로 C유형은 거래처의 바이어에게 우리의 상황을 설명하고 이해할 수 있도록 영업부서에 요청합시다. 그리고 생산부서에는 최대한 캐파를 늘려 달라고 부탁하고, 앞으로 이러한 문제에 대한 해결방안도 요청하도록 합시다! 그리고 물류부서에도 이 내용을 전달해 주세요.

이 사례처럼 리더는 복잡한 것을 단순하게 정리해 줄 수 있어야 한다. 구성원들이 어려워하는 것을 일목요연하게 정리해 줄 수 있다면 리더를 더욱 신뢰하게 될 것이다.

> 회사는 이번에 처음으로 온라인 B2C 사업에 진출했다. 지금까지 해
> 보지 않았던 물류 프로세스에 맞춰 제품을 빨리 출고시켜야 하는 상
> 황이다.
>
> **(A대리)** 팀장님. 우리 회사는 지금까지 B2B 기업 간 물류만 했었는데,
> 갑자기 준비도 없이 온라인 B2C 사업을 하라고 하면 어떻게 해야 하는
> 겁니까?
>
> **(팀 장)** A대리, 나도 이번 일은 갑자기 결정되어 솔직히 좀 당황스러워.
> 하지만 열심히 한 번 해보자고. 물류팀장에게 우리가 새롭게 하는 사업
> 의 내용과 출고해야 하는 제품과 수량 등 B2C 고객에 대한 배송 문제를
> 어떻게 해결하면 좋을지 이야기를 들어봐. 내가 물류팀장에게 적극 협
> 조해 달라고 전화해 놓았어. 그리고 경력사원 중에 이쪽 분야의 경험이
> 있는 C직원이 있더군. 그 친구에게 자네 얘기를 해 놓을 테니, 바로 미팅
> 을 해서 곧바로 진행할 부분을 챙겨보도록 하자고.
>
> **(A대리)** 팀장님, 언제 그렇게까지 하셨어요? 그렇지 않아도 이 일을 이
> 메일로 장황하게 설명하고 업무협조 요청을 보내려는데 정리가 안 되어
> 있어 시간이 너무 오래 걸릴 것 같았어요. 팀장님 덕분에 신속하게 처리
> 할 수 있겠네요. 감사합니다!

이 사례처럼 리더는 구성원이 복잡한 절차와 장애물에 대해 한
참을 고민할 때 본인이 가진 경험과 권한으로 문제를 간단하게 정
리하여 구성원에게 힘을 보탤 수 있어야 한다.

성과를 내는 팀장의 완벽한 리더십

LEADERSHIP

업무 전문성을
보유한 리더

리더가 업무 전문성을 보유하고 있다면 구성원들은 리더를 든든한 나무처럼 생각한다. 가끔은 기대어 쉬기도 하고, 질문을 하기도 하고, 나무 옆에서 생각도 할 수 있는 고마운 존재가 되는 것이다.

간혹 좋은 직장 선배로 남고 싶어 하는 리더도 있다. 하지만 이 경우 본인의 업무 성과에 대해서도 관리를 해야 한다. 리더가 인격은 좋은데 업무는 잘 못하고 업무 전문성이 떨어진다면 구성원들은 '안타깝다'고 할 것이다. 구성원들은 '직장 선배로는 참 좋은데, 리더로서는 도움이 안 된다'고 생각하는 것이다. '사람은 좋은데, 능력에 대해서는 잘 모르겠어'라는 말이 이러한 경우를 나타낸다. 반대로 업무를 통해 성과는 잘 내는데 인격이 좋지 않으면 '저 분은 왜 저러나?'라는 말을 들을 것이다.

리더의 업무 전문성은 리더에게 가장 우선시 되는 항목이다. 구성원은 리더의 전문성을 보고 따라가게 된다. 리더가 업무 전문성이 없으면 마음 좋은 덕장만 된다. 이제라도 내가 리더로서 객관적으로 전문성이 있는 리더인지에 대해 스스로 평가해 보자. 구성원들은 인격과 업무 전문성을 함께 가진 리더의 모습을 기대할 것이다.

성과를 내는 팀장의 완벽한 리더십

LEADERSHIP

꾸준하게 자기계발을
하는 리더

작년과 비교했을 때 리더의 생각이나 지식이 변화·발전되지 못하고 머리 모양이나 옷 입는 스타일만 달라진 리더가 있다면 그는 살아있는 리더라고 할 수 없다. 항상 새로운 것을 탐색하는 리더, 끊임없이 무엇인가를 배우려고 하는 리더가 진정으로 살아있는 리더이다.

리더에게 자기계발이 필요한 이유는 빠르게 변화하고 있는 분야의 트렌드를 학습하고 민첩하게 자신의 분야에 적용해야 하기 때문이다. 학습하지 않으면 정체된다. 세상은 변하고 있는데 과거에 자신이 잘했던 것만 고집하는 리더는 살아남기 어렵다. 그런 의미에서 리더의 자기계발은 선택이 아닌 필수이다.

리더를 대상으로 한 '리더 만족도' 설문조사에 따르면 리더에게 요구되는 자질로 '실무에서의 전문적인 능력'이 가장 많았고, 응답자 전원이 '리더는 자기계발 활동이 필요하다'고 응답했다.

자기계발을 하는 리더와 그렇지 않은 리더는 팀의 분위기에도 영향을 준다. 평소에 학습하는 습관을 가지고 관련 분야의 강의와 세미나 등을 적극적으로 찾아다니며 자기계발을 하는 리더가 있는 반면, 조직에서 요구하는 의무적인 교육시간만 채우려는 리더도 볼 수 있다. 후자의 경우 구성원들에게도 '팀장이 그렇게 하니까 우리도 그렇게 하면 되지, 뭐'라는 식으로 전파된다.

또한 장기적으로 팀의 성과에도 영향을 줄 수 있다. 예를 들면 최근에 D/T Digital Transformation가 많은 관심을 받고 있다. 4차산업혁명에서 지금까지 우리가 하던 일들을 디지털과 빅데이터를 활용해 효율적으로 전환할 수 있도록 인식을 바꾸어야 한다는 것이다. 이때 학습민첩성이 뛰어나 디지털 역량 등 최신의 정보와 주변 네트워크를 이용해 업무역량을 쌓은 리더는 본인과 팀의 업무를 D/T로 할 수 있는 것을 찾아 효율적으로 전환해 운영한다.

팀장이 시대의 흐름을 읽고 주도적으로 학습해 줌Zoom이라는 온라인 회의도구를 빠르게 도입한 팀이 있다. 이를 통해 재택근무를 하면서도 조직관리나 커뮤니케이션, 업무지시를 문제없이 진행할 수 있었다. 반대로 모두가 하니까 그때서야 어쩔 수 없이 도입한 팀도 있다. 팀장이 팀원보다 늦게 배우며 '이런 것도 해야 해? 이 정도까지 알아야 하나?' 식의 수동적인 태도를 보이는 경우도 있다. 실제 업무 현장에서는 이러한 모습을 흔히 확인할 수 있다.

피터 드러커는 그의 저서 《프로페셔널의 조건》에서 '지식근로자'의 개념을 설명하며 지식근로자, 즉 리더를 포함한 직장인은 자신의 계발과 자리에 책임을 져야 한다고 했다. 피터 드러커는 프로페

성과를 내는 팀장의 완벽한 리더십

셔널이 되기 위한 7가지 당부사항을 책에서 제시했는데, 리더의 꾸준한 자기관리를 위해 소개한다.

리더의 자기계발을 위한 7가지 제안

1) 목표와 비전을 가져라.
2) 신들이 보고 있다. 완벽할 수 있도록 하라.
3) 끊임없이 새로운 주제를 공부하라.
4) 자신의 일을 정기적으로 검토하라.
5) 새로운 일이 요구하는 것을 배워라.
6) 피드백 활동을 하라. 계획과 실행 이후의 결과에 대해 점검하라.
7) 어떤 사람으로 기억되기를 바라는가?

(출처 : 《프로페셔널의 조건》, 피터 드러커)

업무 관련 네트워크를
보유한 리더

리더는 업무와 관련된 인적 네트워크를 보유해야 한다. 리더의 인적 네트워크가 중요한 이유를 살펴보자.

⚐ 팀의 성과를 높이는데 활용

외부환경이 빠르게 변화하고 있으며 팀이 해결해야 하는 과제들에 있어서 검토해야 할 사항이 예전보다 훨씬 많아졌다. 이러한 시기에 구성원의 수고와 노력을 줄이기 위해서는 리더의 인적 네트워크가 특히 더 필요하다. 리더의 인적 네트워크를 이용해 필요한 사람을 찾아내고, 그에게 필요한 정보와 자료를 수집해 의사결정할 수 있는 근거를 마련하거나, 어려운 일을 쉽게 해결하기도 한다. 이처럼 리더의 인적 네트워크는 지름길이 되거나, 어려운 난제를 풀어내는데 아주 귀중한 힌트 같은 역할을 한다.

(A대리) 팀장님, 제가 3일 동안 데스크 리서치를 했습니다. 최대한 가능한 선에서 주위 사람들에게 연락해 필요한 정보를 찾아보고 있는데, 누가 중요한 컨택 포인트가 되는지를 잘 모르겠습니다. 아무래도 제가 조사하는 데에는 한계가 있는 것 같습니다. 임원들께서는 이렇게 인터넷 등 표면적인 조사만으로는 부족하다고 느끼실 텐데, 여기서 어떻게 더 조사하고 분석해서 시사점을 도출해야 할까요?

구성원들의 이러한 요청사항은 업무를 할 때 자주 발생하는 일이다. 이때 유능한 리더라면 이미 인적 네트워크를 보유하고 있거나, 아니면 인맥을 활용해 필요한 네트워크를 찾아 구성원이 어려움에 처해 있을 때 적극적으로 도움을 주어야 한다.

⧗ 미래의 승진에 활용

유능한 리더는 팀을 관리하는 팀장 역할의 리더로만 조직생활을 하지 않는다. 시간이 흘러 리더의 성과가 누적되면 지금의 기업이든, 아니면 이직을 통해서든 임원의 자리에 도전하게 된다. 이처럼 임원 승진을 준비하거나, 이직을 하는 상황이라면 리더의 인적 네트워크는 더욱 필요하다. 임원 승진 평가 인터뷰에서 반드시 나오는 질문이 '필요한 인적 네트워크를 확보하기 위해 어떠한 활동을 했느냐?'는 것이다. 또한 이직을 하는 경우 옮기고자 하는 회사의 성장성이나 현재 상황을 객관적으로 알고자 할 때 인적 네트워크는 크게 빛을 발한다.

다음은 리더의 업무 관련 인적 네트워크를 만들기 위한 방법들이다. 참고하기 바란다.

리더의 인적 네트워크를 만드는 방법

1) 업무 관련 대학원 진학(인맥과 학위까지 만들 수 있는 장점)
2) 업무 관련 세미나 참여(조찬 모임 / 컨퍼런스 등)
3) 업무 관련 인터넷 카페 가입
4) 업무 관련 교육기관 교육 참여(여기서 만난 인맥들과 꾸준히 소통)
5) 업무 관련 SNS 활용

성과를 내는 팀장의 완벽한 리더십

심리적 계약과
심리적 안정감을 주는 리더

구성원의 마음을 사로잡는 리더가 되기 위해서는 심리적 계약과 심리적 안정감을 주는 리더가 되어야 한다. 그래야만 구성원들은 조직 내에서 성장할 수 있다는 기대와 함께 리더가 원하는 모습으로 행동하게 될 것이다.

▮ 심리적 계약을 맺어라

구성원들이 묵묵히 자기 일만 하기를 원한다면 이것은 리더가 스스로 심리적 계약을 위반하는 것이다. 심리적 계약은 구성원들이 느끼는 감정적 유대감이며, 암묵적이고 비공식적인 상호 간의 책임과 기대감이기 때문이다. 구성원들이 회사나 고용주로부터 받은 가치 있는 것(승진, 직무 안정성, 업무 관련 교육 등)들은 고용과 피고용 관계라는 틀 안에서 교환 관계의 공정성을 바라보는 일종의 기대나 약속, 책임감이라고 할 수 있다.

심리적 계약은 보통 두 가지로 분류하는데, 첫째는 승진이나 급여체계 등 경제적이며 실체적인 거래적 계약이고, 둘째는 고용 안정성이나 교육훈련, 개인적인 문제에 대한 지원 등 유동적인 것들을 나타내는 관계적 계약이다.

심리적 계약이 잘 이행되면 회사 내에 유익한 태도나 행동이 나타난다. 반대로 심리적 계약이 잘 이루어지지 않으면 직무소진과 신뢰도가 낮아지고 냉소주의와 이직하려는 사람들이 많아지는 등 부정적인 일들이 증가하게 된다. 따라서 구성원의 마음을 사로잡기 위해서는 리더가 심리적 계약에 관심을 가져야 한다. 리더와 심리적 계약이 잘 맺어져 있다면 구성원은 자발적으로 회사의 목표에 기꺼이 동참하고 목표에 기여하기 위해 적극적으로 행동한다. 심리학에서는 이를 '조직시민행동'이라고 한다. 참고로 한국리더십학회에서 조사한 바에 따르면 심리적 계약이 올라가는 상황은 다음과 같다.

첫째, 리더에 대한 심리적 계약으로, 공정한 평가가 이루어졌을 때이다.

둘째, 회사에 대한 심리적 계약으로, 최고의 회사에 다니고 있다는 자부심, 기업의 이미지이다.

셋째, 스스로 느끼는 업무에서의 심리적 계약으로, 조직에서 성장할 수 있다는 기대와 믿음이다.

성과를 내는 팀장의 완벽한 리더십

⚱ 심리적 안정감을 확보하라

조직에서 심리적 안정감은 매우 중요하다. 구성원들이 조직에서 자신의 역량을 최대한 발휘하기를 기대한다면 리더는 그들에게 심리적 안정감을 줄 수 있어야 한다. 구성원들이 의견을 내는데 어려워하지 않고 이런저런 시도를 해보자는 팀이 있는 반면, 의견을 내는데 어려움을 가지고 수동적이고 소극적으로 근무시간만 채우려는 팀도 있다. 이때 당신은 어떤 팀의 리더이고 싶은가?

'구성원이 눈치 보지 않고 아이디어를 말할 수 있는가?'
'실수를 솔직하게 털어놓을 수 있는 환경인가?'
'도움을 요청하는데 거리낌이 없는가?'
'팀원이 리더의 의견에 반대할 수 있는가?'

이 질문에 YES라고 답할 수 없다면 그 조직은 성장과 혁신을 이루어 내기 어려울지도 모른다. 구성원이 주도적인 성과를 낼 수 있는가의 여부는 리더가 구성원에게 심리적 안정감을 주느냐에 달려 있다.

하버드 경영대학의 종신교수인 에이미 에드먼슨은 그의 저서 《두려움 없는 조직》에서 '심리적 안정감은 내가 어떤 의견을 제시하더라도 비난받지 않고 나의 의견을 들어 줄 수 있을 것이라는 편안함을 가진 상태'라고 말한다. 구성원이 업무를 할 때 두려움을 가지게 되면 어떤 성과도 기대하기 어렵다. 구성원이 의견을 내는 것에 두려움을 느끼고 있다면 문제를 해결하고 성과를 낼 수 있는 아이디어와 실행력을 만들어 내기 어렵다.

실제 조직에서 있었던 사례를 통해 심리적 안정감이 얼마나 중요한지 살펴보자. 다음의 대화는 온라인 영업팀 여성 직원 간의 탕비실 대화이다.

(A팀원) 하지 마! 뭐하러 도전적인 판매목표를 내는 거야? 그랬다가 계획했던 물량이 판매되지 않으면 어쩌려고 그러는데? 나중에 판매 시즌 지나고 나서 생산팀에서 재고 물량 남았다고 빨리 재고 처리하라고 하면 어쩌려고 그래? 재고 처리할 수 있겠어? 남은 재고 싸게 처리한다고 하면 수익률 떨어진다고 할 텐데, 나중에 인사고과 나쁘게 나오면 어쩔 거야? 팀장이 우리를 지켜줄 것 같아? 본인도 본인 담당하는 품목 때문에 우리를 신경도 못쓰고 있는데!

(B팀원) 그렇다고 어떻게 부족할 것 같아 보이는 판매계획을 제출할 수 있겠어? 거래처 MD가 제품이 부족하면 판촉행사 안 걸어 준다고 했단 말이야. 어떻게 해야 하지? 벌써 판매계획은 넘겼는데 줄여달라고 할 수도 없고. 정말 미치겠네! 예전에 온라인팀 팀장은 본인이 책임질 테니 도전적으로 열심히 해보라고 했었는데, 그분이 다른 팀으로 가시고 새로 온 팀장은 우리한테 책임지고 알아서 하라는 분위기니 말이야.

이런 팀이 성과를 잘 낼 수 있을까? 구성원의 심리적 안정감이 없는 상황에서 어떤 성과를 요구할 수 있겠는가? 리더는 구성원이 도전적인 목표를 내고 스스로 실행할 수 있는 안정감을 주어야 한다. 만약 심리적 안정감을 주는 리더라면 다음과 같이 구성원들에게 말할 것이다.

(리 더) 전월, 전년, 전전년의 과거 데이터를 분석해 예상 판매수량을 최소수량과 최대수량으로 나누어 봅시다. 그리고 가장 적절한 수량을 선택해 봅시다. 스스로 정해 보는 것도 좋겠지만, 팀 회의를 거쳐서 다른 사람의 의견을 들은 후 결정하는 것이 어떨까요? 발생할 수 있는 재고에 대해서는 제가 사전에 특수판매 거래처를 확보해 안전하게 물량을 소화할 수 있는 채널을 만들어 놓겠습니다.

이렇게 심리적 안정감을 주는 리더와는 불안감 없이 함께 일할 수 있다. 구성원들은 자연스럽게 모든 것을 말하고 함께 협의하며, 힘들고 어려울 때 서로를 의지하면서 문제를 해결한다. 성과를 내는 조직은 이처럼 심리적 안정감이 확보되어 있다.

LEADERSHIP

솔선수범하는 리더

구성원이 리더의 행동을 관찰하고 모방하는 현상은 학술적 이론이나 전문가의 말을 빌려 설명하지 않더라도 조직생활 속에서 자연스럽게 나타나며, 대다수의 사람들에 의해 당연하게 받아들여진다. 이처럼 리더는 누군가의 롤모델이 되고, 또 거울이 된다. 따라서 리더는 언제나 솔선수범해야 한다는 마인드가 있어야 한다. 리더가 솔선수범하지 않으면 리더의 지시에 따르던 구성원들도 어느 순간부터 불만의 감정을 보이게 된다.

역사상 가장 오래된 병법서 중 하나인 태공망의 《육도·삼략》에는 리더의 솔선수범하는 마음자세가 잘 묘사되어 있다.

전장에서 장수는 병사들이 자리에 앉기 전에 앉지 말고, 식사하기 전에 식사하지 말라. 샘을 다 파기 전에 목마르다고 하지 말며, 막사가 준비되기 전에 피로하다고 하지 말 것이며, 밥 짓기가 다 되기 전에 배고프다고

성과를 내는 팀장의 완벽한 리더십

말하지 않는다. 병사들의 막사에 불이 켜지기 전에 장수는 자기 막사에 불을 먼저 켜지 말라. 또한 장수는 겨울에 외투를 입지 않고, 여름에 부채를 쓰지 않으며, 비 올 때도 우의를 입지 않는다. 장수가 그러할 때 병사는 죽도록 그를 따른다.

(출처 : '솔선수범이 부하의 마음을 움직인다', 주간동아, 2015.7.27.)

이외에도 조선 후기의 무관 임경업 장군이 이괄의 난, 병자호란이 발생했을 때 솔선수범으로 지휘한 사례는 현 시대의 리더에게 귀감이 되기에 충분하다. 임경업 장군의 군사적 지휘능력, 외교적 탁월성은 《임경업전》으로 전해질 만큼 대단한 것이었다. 임경업 장군의 일화 중 평안북도(영변)에서 방어사로 지내던 시절의 일화를 소개한다.

영변 지역을 북쪽의 침입으로부터 지키는 백마산성을 보수공사하던 당시, 인근 지역 백성이 모두 동원돼 돌과 목재를 날랐다. 이들은 자칫 잘못하면 한순간에 죽어 나가는 중노동을 밤낮으로 해야 했는데 자연히 불만이 커져 갔다. 방어사가 시키는 일이니 하지 않을 수는 없고, 그러다 보니 백성들은 삼삼오오 모이기만 하면 쑥덕대기 바빴다.

하루는 누군가가 다들 들으라는 듯 큰소리로 말했다. "임경업인지 방어사인지는 우리가 이렇게 고생하는 거 알고나 있나 모르겠어. 다들 안 그런가?" 사람들이 여기저기서 "그러게 말이야!" "방어사가 이 고생을 어찌 안단 말인가!"라고 맞장구쳤다. 그때 한쪽에서 "여기 임경업이도 함께 있으니 그런 걱정은 마시게"라고 말하는 게 아닌가. 사람들이 화들짝

놀라 쳐다보니 방어사가 허름한 옷을 걸친 채 함께 돌을 나르고 있었다.

(출처 : '솔선수범이 부하의 마음을 움직인다', 주간동아, 2015.7.27.)

내가 리더라면 구성원들이 나에 대해 어떻게 생각할지 궁금할 것이다. 리더의 권한은 스스로 만들어 내는 것이다. 귀찮은 보고서 작업을 구성원에게 맡기고, 일방적으로 구성원에게 야근을 시키고, 리더는 거래처 미팅이라는 명목으로 다른 팀 리더들과 회식을 한 적은 없는가? 솔선수범은 리더가 처음부터 끝까지 모든 것을 하라는 것이 아니다. 먼저 시작하고 구성원이 참여할 수 있도록 앞장서라는 것이다.

LEADERSHIP

먼저 이겨놓고
싸우는 리더

선승구전先勝求戰은 '먼저 이겨놓고 싸운다'는 뜻으로, 이기는 군대는 이미 이길 조건을 모두 만들어 놓고 전투를 한다는 것이다. 어떤 조직이든 높거나 낮거나, 어렵거나 쉽거나 목표를 가지고 있다. 그렇다면 리더는 그 목표를 어떻게 달성시킬 것인가에 대한 구체적인 계획을 미리 가지고 있어야 한다. 그리고 계획에 대해 구성원들에게 구체적으로 설명하고 이해시켜 준다면 그 조직은 목표 달성을 위해 상당한 힘을 발휘할 수 있다.

(A대리) 팀장님, 올해 우리가 맡은 가맹점 조직에 대한 사업계획 목표가 너무 높습니다. 이렇게 되면 우리 팀은 연말에 좋지 못한 평가를 받을 것이 불 보듯 뻔한데요. 팀장님, 이거 어떻게 하라는 말씀이신가요? 제가 우리 팀의 선임인데 저부터 이렇게 동기부여가 안 되는데 어쩌자고 이렇게 높은 목표를 받아오신 건가요. 물론 팀장님의 입장도 이해합니다.

위에서 탑다운 방식으로 목표를 받으셨겠죠. 하지만 많이 답답합니다.

(B팀장) 나도 목표가 어렵다는 거 잘 알지. 하지만 경영진이 모여 있는 회의 자리에서 내가 어떻게 '우리 팀의 목표가 너무 높습니다'라고 얘기할 수 있겠나. 우리가 뭐 한두 해 목표를 이렇게 받은 것도 아닌데, 뭐가 그렇게 불만이야? 나라고 뭐 이런 목표를 받고 싶어서 받은 것 같아? 나도 힘들어! A대리도 직장생활 오래했잖아! 우리만 힘든 거 아니고 다른 팀도 다같이 힘든 상황이고, 모두가 같이 목표 달성을 못할 수도 있으니 우리 팀만 목표 달성을 못하는 것으로 결과가 나타나지는 않을 거야! 그거니까 잔말 말고 팀원들이 동요되지 않고 제발 말 안 나오도록 해봐!

(C팀장) 아, 들었구나? 내가 생각해도 목표가 높은 것은 사실이야. 그런데 임원 분이라고 목표 높게 주고 싶었겠어? 그분들도 목표달성률로 평가받으실 텐데…. 다른 팀원들도 목표가 높다고 볼멘소리들 하겠군? 하하하! 하지만 걱정하지 마. 나에게 생각이 있어. 현재 우리 영업체력이나 추세로 볼 때 가맹점을 대상으로 예상 목표달성률이 90% 정도 나오더군. 갭으로 발생할 예상치가 10%인데, 연초부터 우리 팀은 다른 팀과는 다르게 신규가맹점을 대폭 늘려서 진행해 봅시다. 우리가 신규점을 개설할 수 있는 지역을 구분하면 5% 정도의 갭을 줄일 수 있을 거야! 기존 사업자들도 한 개를 두 개로 쪼개서 추가로 생산성을 5% 정도만 올릴 수 있게 집중해 보자! 이렇게 하면 100% 달성은 가능한데, 이것 외에 추가 목표 달성을 위한 여유 지분으로 우리 팀에서 B2B 영업이 가능한 곳들을 미리 접촉해 보면 어떨까? 그리고 혹시 모르니 플랜B 시나리오도 만들어 보고. 물론 힘든 점도 있을 거야. 하지만 우리 팀은 목표를 달성할 수 있게 할 거야. 내일 오후에 우리 팀 워크숍 할 수 있도록 준비

성과를 내는 팀장의 완벽한 리더십

해 줘. 우리가 머리 맞대고 일정과 예상 문제점을 뽑아서 관련 부서에 사전 업무협조를 구하고 강력하게 한 번 해보자!

선승구전을 하는 리더는 어떻게 싸우면 전쟁에서 이기는지를 미리 알고 있다. 리더는 전쟁에 이겨놓고 임해야 한다. 구성원은 이러한 리더를 보고 심리적 안정감을 가지며, 팀워크를 만들어 갈 수 있으며, 성취감을 느낄 수 있고, 업무를 진행하는 과정에서 놀라운 성장을 할 수 있게 된다. 혹시나 완전한 선승구전이 안 되더라도 깊은 고민을 통해 선승구전할 수 있는 맥락을 잡아야 한다. 기억하자! 리더는 반드시 선승구전해야 한다.

리더의 생각은 한 직급 높게,
행동은 한 직급 낮게

리더는 위로부터 아래까지 이해하고 행동할 수 있어야 한다. 이 말은 리더는 위로는 경영진의 생각을 읽을 줄 알아야 하고, 경영진의 사업 방향을 현장에서 정확하게 실행할 수 있어야 한다는 것이다. 그리고 아래로는 실제 실행과 업무 추진을 진행하는 구성원들과도 생각이 통해야 한다는 말이다.

리더가 한 직급 높게 생각한다면 곧바로 경영진의 생각과 레벨을 맞출 수 있다. 현장에서 여러 리더들을 겪어 보면 경영진의 지침을 그들의 생각 수준까지 함께 공감하고 문제를 해결하기 위해 접근하는 리더가 있는가 하면, 아무리 설명해도 실무자의 수준에서 생각하고 받아들이는 안타까운 리더가 있다.

(임 원) A팀장(B팀장), 급하게 큰 프로젝트를 준비해야겠어! 작년까지 우리 회사가 입찰 자격이 안 되는 공사가 있었는데, 올해부터는 우리 회사

성과를 내는 팀장의 완벽한 리더십

도 입찰 자격이 된다고 확인되었어. 그래서 사장님도 이번 공사에 관심이 많으시다네. 입찰 준비를 위해 수고 좀 해주겠나? 3주의 시간이 남아 있네."

(A팀장) 팀원 여러분, 이렇게 갑자기 회의를 소집하게 된 것은 우리 회사가 성장하는 데 큰 도움이 될 수 있는 입찰 건 때문입니다. 작년까지 우리 회사는 입찰 자격이 되지 않았는데, 올해부터는 우리 회사도 지방 공사에 입찰할 수 있는 자격이 되었습니다. 3주 안에 우리가 힘을 모아 좋은 성과를 만들어 봅시다. 회사가 성장하는데 좋은 기회가 될 것이고, 우리가 입찰에 성공한다면 우리 팀도 좋은 평가를 받을 수 있을 것이며, 개인에게도 업무상 큰 경험이 될 것입니다. 주말에 나와서 일을 할 수도 있습니다. 제가 먼저 나와서 준비하고 처음부터 끝까지 함께하겠습니다.

(B팀장) 이번 주부터 연속해서 3주 동안은 주말에도 나와서 근무할 준비들 해요. 나도 자세히는 모르겠는데, 우리 회사가 올해부터 지방 공사에 입찰을 넣을 수 있게 되었다네요. 자세한 사항은 나중에 임원께 물어보기로 하고. 이번 주말은 몇 시에 나올 수 있을까? 나도 오전 중에 출근할 테니, 일찍 나올 수 있는 사람은 일찍 나와서 사무실 좀 지켜 줘. 자세한 내용은 내가 좀 더 알아보고 설명해 줄게. 표정들이 다들 왜 그래? 나도 피곤해. 그렇지만 3주만 어떻게 좀 해봅시다.

(A팀장) 주변에 이번 입찰에 대해 알아보니, 낙찰만 된다면 수천억 원의 매출 외에 우리 회사에 부가적으로 엄청난 기회가 생긴다고 합니다. 여러분, 제가 오늘부터 여러분의 손과 발이 되어 여러분과 함께할 것입니다. 여러분은 제가 요청하는 사항에 대해 빠르게 움직여 주시고, 혹시 예

상되는 문제나 진행하면서 장애물이 있으면 언제든지 저와 함께 풀어가시죠!

(B팀장) 이번 입찰에 대해 좀 알아봤나요? 알아본 것 있으면 이 자리에서 이야기들 좀 해봐요. 나는 임원 분들께 좀 더 지침받을 것이 있는지 확인해서 여러분께 전달해 줄게요. 여러분은 입찰 관련 자료를 회의시간에 공유해 주세요. 이번 입찰 건이 잘되면 수천억 매출이 생긴다고 하는데, 되든 안 되는 회사에서 하라니까 하는 척이라도 좀 해봅시다.

어떤 팀장과 일하고 싶은가? 위의 사례처럼 리더는 한 직급 높게 생각하면서도 행동은 한 직급 낮추어 솔선수범하면서 구성원들과 함께 어려움을 극복하고 해결해 나가려고 노력하는 사람이어야 한다. 리더는 본인이 먼저 나서서 어려워할 만한 사항을 체크하고, 적극적으로 계획하고, 구성원들의 의견을 경청하는 사람이다. 결국 구성원들은 그러한 리더를 더 신뢰하고 따를 것이다.

LEADERSHIP INSIGHT

Part 4

리더의
커뮤니케이션

커뮤니케이션에 가장 중요한 것은
말해지지 않는 것에 귀 기울이는 것이다.
- 피터 드러커(《프로페셔널의 조건》 저자)

커뮤니케이션의 4가지 솔루션

리더의 4가지 역량에서도 다루었지만 리더가 갖추어야 할 역량 중 가장 중요한 것은 '커뮤니케이션 역량'이다. 우리가 일을 하는 시간의 70%는 커뮤니케이션을 하면서 보낸다. 말하고 듣는 기본적인 것에서부터 기획서·보고서와 같은 문서 커뮤니케이션까지, 일하는 시간의 대부분을 커뮤니케이션하면서 보내기 때문이다.

커뮤니케이션의 사전적인 의미는 '뜻이 통하여 서로 오해가 없는 것'이다. 뜻이 통하고 오해가 없으면 되는데, 왜 이렇게 커뮤니케이션이 어려운 걸까? 사람들은 각자 자신만의 언어로 소통을 하려고 하기 때문이다. 효과적인 커뮤니케이션은 상대방이 하는 말의 내용을 충분히 이해하고 공감하여 실제로 행동으로 옮기는 것이다. 단지 말한 것을 듣거나 이해한 것만으로 우리는 소통이 잘되었다고 하지 않는다. 말한 것을 듣고 이해하고 공감하여 행동으로 옮겼을 때 우리는 완벽한 소통이 되었다고 말한다.

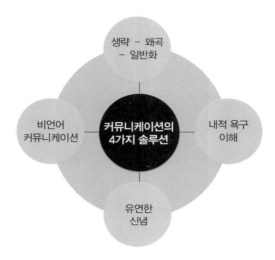

커뮤니케이션을 잘하기 위해서는 방법론적인 스킬도 중요하지만 자신의 부족함을 깨닫고 겸손하게 배우고자 하는 마인드가 더 중요하다. 즉, 스킬과 마인드가 합쳐졌을 때 시너지 효과가 나는 것이다. 그럼, 이제 커뮤니케이션을 잘하기 위해 필요한 4가지 솔루션을 알아보자.

▲ 생략 - 왜곡 - 일반화

1) 생략

생략은 상대방에게 말을 할 때 자신이 전달하고자 하는 내용을 제대로 말하지 않고 자기중심적으로 필요한 말만 하는 것이다. 최팀장이 김 대리에게 지시했던 업무를 확인하는 과정을 살펴보자.

(최 팀장) 김 대리, 지난주 지시한 내용 다 했어요?

(김 대리) 어떤 것을 말씀하시는지….

(최 팀장) 지난주에 업무 지시한 거 있잖아요.

(김 대리) 팀장님이 지시한 것이 여러 건 있어서요. 어떤 것을 말하는 건지요?

(최 팀장) 아, 답답해. 지난주 목요일 회의 때 나왔던 안건 있잖아요. 그걸 기억 못해요?

(김 대리) 아, 그날 회의 때 나온 안건도 여러 가지를 지시했어서요.

(최 팀장) 김 대리, 지난주 목요일 회의 때 나온 안건 중에서 3번째 안건인 우리 회사의 회의문화와 회의를 잘하는 다른 회사의 회의문화를 비교하는 자료, 오늘까지 보고하라고 한 것 잊었어요?

(김 대리) 아, 그거요. 당연히 알고 있습니다. 지금 마무리 중인데 오후 2시까지 보고 드리겠습니다.

(최 팀장) 척하면 딱 알아들어야지. 내가 일일이 다 설명해야 이해합니까?

(김 대리) 죄송합니다.

사례를 보면 팀장은 김 대리에게 계속 생략해서 말하고 있다. 한 번에 제대로 물어보면 될 것을 자기 기준으로 말하며 상대방이 자기 말을 충분히 이해할 것이라고 가정하는 것이다. 그러나 소통이 제대로 되려면 나의 입장이 아니라 상대방의 입장에서 이야기하는 것이 좋다. 내가 전하려는 의도를 상대방이 충분히 이해할 수 있게 말해야 한다. 내 중심이 아니라 타인 중심의 소통을 해야 하는 것이다. 최 팀장이 생략하지 않고 이렇게 말했으면 좋았을 것이다.

> **(최 팀장)** 김 대리, 지난주 목요일 회의 때 나온 안건 중에서 3번째 안건인 우리 회사의 회의문화와 회의를 잘하는 다른 회사의 회의문화를 비교하는 자료를 오늘까지 보고하라고 한 거 기억하죠?
>
> **(김 대리)** 그럼요. 지금 마무리 중에 있습니다. 오후 2시까지 보고 드리겠습니다.
>
> **(최 팀장)** 좋아요. 그럼 오후 2시에 봅시다.

이렇게 소통을 하면 모든 것이 깔끔하게 정리된다. 보통 리더들은 말을 할 때 자신의 기준에서 자신이 원하는 것만 듣고 말하려는 경향이 있다. 하지만 구성원과 소통하거나 업무지시를 할 때는 생략하지 않고 구체적인 내용으로 상대방이 충분히 이해할 수 있도록 말하는 것이 좋다.

2) 왜곡

왜곡은 리더들이 자신만의 필터로 구성원을 바라보기 때문에 발생하는 현상이다. 사람에게는 누구나 타인을 바라보는 자신만의 관점이 있다. 그 기준에 따라 일 잘하는 직원, 일 못하는 직원, 착한 직원, 나쁜 직원, 내 스타일에 맞는 직원 등으로 직원들을 판단한다. 그런데 이러한 개인의 관점이 관계와 소통에서 왜곡을 일으키는 경우가 많다. 함께 일하는 직원이 어느 날 표정이 좋지 않았을 때 있는 그대로 관찰을 통해 질문하면 되는데, 평소 내가 좋아하지 않는 직원이라면 대화에 앞서 미리 왜곡하는 경향이 있다. '나에게 불만이 있는 거 아냐?' '동료들과 관계가 좋지 않아서 표정이 저런 거 아냐?' 이처럼 상대방의 진의와 상관없이 스스로 왜곡하는 것이다.

의외로 많은 사람들이 다른 사람을 자신만의 프레임으로 판단하는데, 왜곡하지 말고 질문해야 한다. 사람에 대한 왜곡된 판단은 관계를 훼손하고 소통을 막을 뿐이다.

3) 일반화

사람들은 대화를 할 때 사실 여부와 상관없이 일반화하는 경향이 있다. 예를 들어 조직에서 신입사원이 선발되어 배치되었다고 하자. 그런데 한 팀장이 그들을 일반화해서 '요즘 신입사원들은 다들 버릇이 없어'라고 말한다면 그 말을 들은 일부 직원들은 불편할 수 있다. 우리 부서에 입사한 신입직원은 너무나 예의 바르기 때문에 상대방의 말에 동의할 수 없기 때문이다. 이처럼 대화에서 일반화가 반복되면 생각이 다른 사람들은 불편해질 수 있다.

반대로 '우리 회사의 팀장들은 다들 꼰대야'라고 일반화하는 말을 했다면 그 말을 들은 팀장의 기분은 어떻겠는가? 자신은 최대한 꼰대스러운 행동을 하지 않으려고 노력하는데 부하직원이 일반화해서 말을 하면 실망감을 느낄 수도 있기 때문이다.

따라서 대화를 할 때는 일반화하지 말고 자신이 말하고자 하는 특정 대상을 구체적으로 지정하는 것이 좋다. 괜히 누군가에게 이유 없이 오해를 살 필요가 없고, 일반화해서 말하는 자신에 대해 상

성과를 내는 팀장의 완벽한 리더십

대방이 편견을 갖도록 만들 필요도 없기 때문이다.

𝕏 내적 욕구 이해

소통을 할 때 상대방의 말과 행동만 지켜봐서는 안 된다. 말 이면에 어떤 감정, 생각, 욕구, 기대감이 있는지를 계속 확인해야 한다. 사람마다 말하는 스타일도 다르고 자신을 노출하는 수위도 다르다. 말로 표현할 수 없는 수많은 감정들이 말 이면에 숨어 있는 것이다.

구성원이 리더에게 업무보고를 하는 상황에서 자신의 생각을 제대로 전달하지 못하고 긴장된 상태에서 불안한 표정까지 보인다면 리더는 구성원이 왜 이런 표정을 짓고 있는지 내면의 욕구를 파악해야 한다. 구성원의 내면의 감정은 리더의 완벽주의 업무처리 방식과 사소한 것 하나까지 지적하는 업무지시 방식에 너무나 힘들어하는 상태일 수도 있다. 구성원의 이러한 내면의 감정을 무시하고 반복하게 되면 결국 관계는 악화될 수밖에 없다. 이럴 때는 질문을 통해 구성원의 내적 욕구를 파악해야 한다.

"기획서 작성하면서 어려움은 없었나요?"

"내가 너무 꼼꼼하게 많은 것을 요구해서 많이 불편했죠?"

"무엇을 개선하면 좀 더 효율적으로 일할 수 있을 것 같아요?"

이런 질문을 통해 내면의 생각을 끌어내야 한다. 서로에 대한 신뢰를 가지고 심리적 안정감이 있다면 구성원은 솔직하게 이야기할 것이다. 그리고 그러한 대화 속에서 타협점을 찾을 수 있다. 반대로 구성원의 감정과 내적 욕구는 무시하고 무조건 리더가 원하는 방식으로 일이나 대화가 진행된다면 관계는 계속 악화될 것이고 결국 소통도 부재하게 될 것이다. 업무성과가 떨어지는 것은 당연한 일이다. 따라서 리더가 구성원과 대화를 할 때는 항상 말 이면의 감정과 생각, 내적 욕구를 확인해야 한다. 이것을 잘하는 사람이 소통을 잘하는 리더이다.

▲ 유연한 신념

타인을 이해한다는 것은 어떤 의미일까? 내가 누군가를 잘 안다고 하는 것은 그 사람에게 보여지는 내부와 외부 환경을 잘 알고 있다는 것일까? 누군가를 제대로 안다는 것은 쉬운 일이 아니다. 특히 조직에서 오랫동안 함께 일하다 보면 상대방과 갈등이 생기고 힘든 일도 많이 생기는데 사람들은 그 원인을 제대로 모르는 경우가 많다.

상대방과 갈등이 생기는 이유는 여러 가지가 있는데, 아무리 생각해도 원인을 잘 모를 때에는 타인의 신념을 들여다보는 것이 중요하다. 누군가를 이해한다는 것은 상대방의 신념과 가치관을 이해한다는 것이다. 신념과 가치관의 합이 곧 그 사람의 정체성이다. 태어나서부터 가지고 있는 타고난 신념도 있지만, 성장하면서 주변 환경의 영향을 받아 생기는 신념도 있다.

신념은 세상에 대해, 자신에 대해, 그리고 살아가는 제반사에 대해 확실히 그렇다고 믿거나 혹은 이래야 한다, 그렇지 않으면 안 된다고 믿는 것이다. 그리고 이러한 신념은 그 사람을 이끄는 원칙으로 작용해 생각과 감정, 행동을 지배한다.

우리가 흔히 말하는 '큰 신념'이라는 것은 종교, 정치성향 같은 것을 예로 들 수 있다. 큰 신념은 잘 변하지 않는다. 기독교를 믿는 사람에게 불교를 믿으라고 하면 믿겠는가? 진보적인 성향을 가지고 있는 사람에게 보수적인 정치성향으로 바꾸라고 하면 쉽겠는가? 그래서 사람들이 가지고 있는 큰 신념은 그 사람의 정체성에서 나오기 때문에 존중하고 인정해 줘야 한다.

그런데 사람들은 큰 신념만 있는 것이 아니고, 수천수만 가지의 작은 신념들이 있다. 작은 신념들은 큰 신념과 다르게 상대방에 맞춰 유연하게 대응할 수 있다. 예를 들어 나와 갈등을 빚고 있는 리더의 작은 신념을 알게 되었다면 그 부분에 대해 나의 신념을 유연하게 적용하는 것이 좋은 관계와 소통을 위해 필요하다. 사람과의 갈등이 생기는 원인은 서로 간의 신념이 다르고 세상을 바라보는 패러다임이 다르기 때문이다. 따라서 신념을 어떻게 유연하게 적용할지 고민해야 한다.

'출근시간에 딱 맞춰 오는 직원은 기본이 안 된 사람이다'라는 작은 신념을 가진 팀장이 있다고 해보자. 그렇다면 매일 9시 정각에 출근하는 김 대리가 마음에 들지 않을 것이다. 그래서 팀장은 김 대리에게 자신의 신념에 따라 조언을 한다. "김 대리, 30분 정도 일찍 와서 업무 준비를 하는 게 어때요? 어떻게 출근시간에 딱 맞춰서 오죠?"라고 말한다. 일찍 출근해서 업무 준비를 하는 것이 팀장의 신념이기 때문이다. 그런데 김 대리는 정확히 출근하고 정확히 퇴근하는 것이 맞다고 생각하는 사람이기에 팀장에게 이렇게 대답할 것이다. "팀장님! 저는 지각하지 않았는데 왜 뭐라고 하시는 거죠? 30분 일찍 나오면 30분 일찍 퇴근할 수 있는 건가요? 아니면 추가수당을 주시나요? 그런 것도 아닌데 왜 일찍 나오라고 하시는 거죠?" 이 말을 들은 팀장은 너무나도 당황해서 할 말을 잊는다. "그게 아니고. 좀 일찍 와서 준비하면 좋잖아요. 나 때는 1시간 일찍 와서 준비하고 그랬어요. 상사보다 먼저 출근하는 게 미덕이었다고."라고 말하면 이때부터 신념의 갈등이 시작되는 것이다. 김 대리는 팀장을 꼰대 취급할 것이고 대화는 감정싸움으로 번진다. 서로가 다른 신념을 계속 주장한다면 팀장과 김 대리의 갈등은 더욱 심해질 것이다.

이럴 때 팀장이 상대방의 작은 신념을 들여다본다면 어떤 결과가 생길까? 물론 수십 년 동안 30분 일찍 출근해서 업무 준비를 해왔지만 MZ세대들의 사고에는 그것이 맞지 않다는 것을 인정하고 지각만 하지 않으면 별다른 언급을 하지 않고 근무시간에 집중해서 일하자고 하면 어땠을까? 자신의 작은 신념을 직원들에게 유연하게 적용한 사례이다. 김 대리 입장에서는 작은 신념을 유연하게 적용해 이렇게 행동하면 어떨까? 팀장님의 말이 부당하게 느껴지기는 하지만 일찍 와서 준비하는 것을 좋아하시니 업무에서 좋은 관계를 위해 조금 일찍 출근해 업무 준비도 하고 시간이 남으면 개인적인 것도 하면서 그 시간을 누리는 것도 작은 신념을 유연하게

성과를 내는 팀장의 완벽한 리더십

적용하는 것이다.

사람들은 각자 자신만의 신념을 지키고 싶어 한다. 그러나 그것이 강해지면 상대방에게는 불편함으로 작용한다. 불편함은 소통의 부재를 만들고 소통이 되지 않으면 협업이 안 되고 결국 일의 성과가 떨어지게 된다.

사람들의 성격이 모두 다르듯 신념도 다르다. 따라서 사람 사이의 불편함과 갈등의 원인을 파악하기 힘든 경우에는 신념을 들여다보는 것이 좋다. 단지 상대방의 신념을 아는 것뿐만 아니라 그것을 어떻게 유연하게 적용할 것인지를 고민하는 것이 필요하다. 실제 리더들에게 서베이를 받은 여러 신념들을 살펴보자.

> '2주간 휴가를 가는 직원은 배려가 없는 사람이다.'
> '상사가 주최한 팀 회식은 꼭 참석해야 한다.'
> '근무시간에는 자리를 비우지 않는다.'
> '점심식사는 팀원이나 동료들과 해야 한다.'
> '월요일에는 연차를 쓰지 않는다.'

리더들은 실제 업무 현장에서 구성원들과 갈등을 일으킬 만한 신념들을 많이 가지고 있었다. 하지만 이러한 자신의 신념을 지나치게 강조하고 타인의 신념을 무시하거나 배려하지 않는다면 관계는 멀어지고 갈등은 심해질 것이다. 타인의 마음 깊숙이 숨어 있는 수많은 작은 신념들을 이해하려고 노력하는 것에서 훌륭한 소통은 시작된다.

⚓ 비언어 커뮤니케이션

상대방과 소통을 잘하기 위해서는 비언어 커뮤니케이션을 잘 활용해야 한다. 우리가 말을 잘하고 듣기를 잘하면 소통을 잘한다고 생각하지만 그것은 큰 오산이다. 실제 연구결과에 따르면 말로 하는 음성적인 효과(청각)는 38%, 메시지(언어)는 7% 정도밖에 전달이 안 된다고 한다. 무려 55%가 이미지(시각)로 커뮤니케이션한다는 것이다.

따라서 상대방과 대화를 할 때는 기본적으로 라포를 형성해야 한다. 라포는 친밀감·신뢰관계를 말하는 것으로, 타인과의 유대감을 형성하기 위해서는 다음과 같이 3가지를 유념해 라포 형성을 하는 것이 좋다.

1) 눈을 맞추고 고개를 끄덕인다

비언어 커뮤니케이션의 첫 번째 시작은 상대방의 눈을 보는 것이다. 대화를 할 때 눈을 봐야 상대방이 어떤 상태인지 명확히 알수 있다. 그런데 눈을 보지 않고 다른 곳을 보는 사람은 어떤 생각을 하는지 상대방이 알 수 없으며 뭔가 불안한 느낌을 줄 수 있다. 따라서 상대방의 눈을 부드럽게 응시하며 대화를 하는 것이 좋다. 만약 눈을 보는 것이 불편하다면 최소한 안면을 보고 대화를 해야 한다. 그리고 대화를 할 때 상대방의 이야기를 들으며 고개를 끄덕여 주거나 호응을 해주면 더욱 좋다.

성과를 내는 팀장의 완벽한 리더십

2) 오감을 민감하게 작동시켜 감정을 읽어내는 '캘리브레이션'

상대방의 눈을 보면서 이야기할 때 오감을 잘 작동시켜 상대방의 감정을 읽는 기술이 '캘리브레이션calibration'이다. 캘리브레이션은 3가지가 있다.

첫 번째는 시각적 캘리브레이션으로, 얼굴 표정, 안색, 제스처 등을 보면서 상대방이 어떤 상태인지 파악하는 것이다. 지금 긴장하고 있는지, 화가 났는지, 두려워하고 있는지, 기분이 좋은 상태인지 등 시각적인 것으로 상대방을 파악할 수 있다.

두 번째는 청각적 캘리브레이션으로, 상대방의 목소리 톤, 말하는 속도, 말의 리듬, 억양 등을 통해 상태를 파악하는 것이다. 목소리에 불안감이 있는지, 긴장감이 있는지, 기분이 좋은지, 활기찬지와 같은 감정을 확인할 수 있다.

세 번째는 촉각이나 후각적인 캘리브레이션으로, 악수를 할 때의 체온이나 몸에서 나는 향기 등을 통해 촉각·후각적으로 상대방을 파악하는 것이다.

시각·청각·촉각적인 캘리브레이션을 통해 상대방이 어떤 상태임을 알게 되면 대응하기가 쉬워진다. 이렇게 상대방에 맞춰서 대화를 하다 보면 무의식에서 대화하는 사람을 편하게 생각하기 때문에 대화를 이어나가고 설득하기 쉬워진다.

3) 상대방에게 나를 맞추는 페이싱, 미러링, 백트레킹

캘리브레이션을 통해 상대방을 파악한 다음, 그 상태에 맞춰 내가 행동하는 것을 페이싱pacing이라고 한다. 이는 상대방의 상태와

나의 상태를 신체적·정서적·언어적으로 맞추는 것인데, BMW로 설명할 수 있다.

> - **Body(신체)** : 상대방의 눈의 위치, 자세, 움직임에 맞춘다.
> - **Mood(정서)** : 상대방의 음정, 음색, 호흡, 분위기 등에 맞춘다.
> - **Word(언어)** : 상대방의 말의 내용, 음의 고저, 강약 등에 맞춘다.

상대방에게 BMW에 맞춰 대화를 하면서 미러링mirroring을 하면 더욱 효과적으로 소통할 수 있다. 미러링은 페이싱의 일종으로, 마치 거울을 보듯이 상대방을 따라 하는 것이다. 사람들은 상대방이 자신의 행동을 따라 하면 무의식에서 편안함을 느끼게 되는데, 상대방이 커피잔을 들고 마시면 조금 있다가 나도 커피잔을 들고 마시고, 타인이 머리를 만지면 나도 조금 있다가 머리를 만지는 방식이다. 모든 행동을 따라 하는 것이 아니라 일부 방식만 따라 해도 상대방은 편안함을 느끼면서 더욱 편안하게 대화를 할 수 있다. 이것이 미러링의 힘이다.

백트레킹backtracking은 상대방이 하는 말의 어미나 키워드를 되풀이하며 무의식을 열어주는 기법이다. 상대방의 말을 따라 하면 편안함을 느껴 자연스럽게 대화를 할 수 있다. 물론 모든 말을 따라 하는 것은 아니고, 필요에 따라 적절하게 말을 따라 하면 된다.

예를 들어 부하직원이 '오늘 일이 정말 바빴어요'라고 말하면 '그랬군요. 무척 바빴나 봐요'라고 어미를 반복해 주면 된다. '팀장님, 요즘 제가 일이 너무 많아서 야근을 좀 많이 하는 것 같아요'

성과를 내는 팀장의 완벽한 리더십

라고 말하면 '야근이 많으면 힘들 텐데…'라고 내용에 대한 느낌을 전달하면 된다. '제가 체력에는 자신이 있는데 잠이 부족해서 그런지 요즘은 너무 피곤한 것 같아요'라고 말을 하면 '잠이 부족해서 많이 피곤하군요. 월차 내서 하루 정도 쉬는 건 어때요?'라고 내용을 요약하고 의견을 전달해 주면 좋다. 이렇게 대화하면서 백트레킹을 하면 상대방은 무의식에서 말하는 사람에게 편안함을 느끼고, 하고 싶은 말 이상을 더하게 되는 효과를 가져올 수 있다.

백트레킹에서 유의할 점은 모든 말에 내용을 확인하는 것처럼 보이지 않게 조심스럽게 해야 한다.

다름을 이해하는 커뮤니케이션

MZ세대에게 선풍적인 인기를 끌고 있는 MBTI 진단은 심리학자 칼 구스타프 융이 사람의 갈등에 대해 연구한 '심리유형론'에 기반을 두고 있다. 융이 연구한 외향Extraversion – 내향Introversion, 감각Sensing – 직관iNtuition, 사고Thinking – 감정Feeling의 성격기질에, 마이어스-브릭스 모녀의 인식Perceiving – 판단Judging을 붙여 만든 진단지이기 때문이다.

성격기질 차이의 핵심은 '사람 사이의 갈등이 왜 생기느냐'이다. 사람 사이의 갈등은 상대방이 나의 기준대로 움직여야 한다는 생각 때문에 발생한다. 사람들은 서로 다르다는 것은 알고 있으나 무의식중에 나와 비슷하게 행동하기를 원하는 것이다.

합리적인 사람들은 사람의 성격기질에 따라 행동이 다르다는 것을 잘 알고 있기 때문에 어떤 방식의 일처리도 유연하게 수용하는 편이다. 그러나 대부분의 사람들은 성격의 다름을 인식하면서도

성과를 내는 팀장의 완벽한 리더십

무의식에서는 자신과 비슷하기를 갈망한다.

리더 역시 구성원에게 업무지시를 할 때 무의식적으로 자신과 비슷한 방식으로 처리하기를 바란다. 그리고 자기가 원하는 방식으로 일을 하지 않을 때 리더의 무의식에서 불편함을 느낀다. '내가 원하는 스타일로 하면 좋을 텐데'라는 생각이 갈등을 유발하는 것이다. 예를 들어 외향이 강한 리더는 함께 토의하면서 의견도 구하고 활기차게 일하는 방식을 원하는데, 구성원이 내향이 강한 스타일이라 질문도 잘 안 하고 혼자 일하는 것을 선호한다면 리더는 무의식에서 불편함을 느낄 것이다. 성격기질의 다름을 알면서도 불편한 것은 어쩔 수 없다.

이렇게 사람들이 말하고 행동하는 패턴이 다르기 때문에 성격기질을 이해하는 것은 상대방을 이해하는 데 있어 매우 중요하다. 다른 성격기질을 가진 사람을 배려하고 존중해 주는 것, 말로만 다름을 인정하는 것이 아니라 업무 현장에서 일하거나 대화할 때 언제나 성격의 다름을 중심에 두는 리더가 훌륭한 리더이다. 특히 효과적인 소통을 하는 리더는 구성원들의 성격기질을 미리 파악해 성격 행동에 따라 소통을 하고, 이러한 개별적인 소통은 관계를 증진시키고 호감을 느끼게 할 수 있다.

⚓ 타인과의 좋은 관계를 위해서는 페르소나를 쓰자

심리학자 융은 '사람들은 각자의 페르소나persona를 쓰고 살아간다'고 말한다. 페르소나는 라틴어로, 고대 그리스의 연극에서 배우들이 쓰던 가면을 뜻한다. 사람을 뜻하는 영어 단어인 person과 사람의 인격을 뜻하는 personality의 어원이 바로 persona이다. 페르소나는 자아가 다른 사람에게 투사된 성격, 외면적으로 자신이 보여지기를 원하는 모습을 말한다. 이러한 페르소나가 있어서 사람들은 자신의 진짜 모습이 아닌 만들어 낸 모습으로 타인에게 비춰지며 살 수 있다.

사람들은 필요에 따라 페르소나를 사용하지만, 태생적으로 선호하는 성격기질이 있고 그 기질은 타고난다. 물론 성장하면서 자신의 성격기질이 바뀌는 경험을 하기도 한다. 그러나 그것은 외부환경에 의해 영향을 받거나 본인이 상황에 맞게 성격을 변화하려고 노력하기 때문에 그렇게 보이는 것이다. 이러한 노력도 결국은 페르소나다. 나와 다른 성격의 행동을 하는 것, 사회적인 관계를 위해 또는 스스로의 만족감을 위해 사람들은 페르소나를 쓴다. 그리고 이것은 어떤 성격기질이라도 그에 맞는 사회생활을 할 수 있다는 것을 증명한다.

융은 페르소나의 대표적인 사례로 소설가 카프카를 이야기한다.

카프카는 법과대학을 나온 인재로, 보험회사에서 오랜 기간 관리직으로 일했다. 카프카는 글을 쓰는 것을 너무 좋아해 평일 저녁과 주말을 활용해 글을 써서 소설을 출간했는데, 그 책이 대박이 났다. 지금의 기준으로 보면 베스트셀러가 된 것이다. 책이 워낙 인기가 있자 인터뷰를 하게 되었는데, 카프카는 의외의 말을 한다. 기자가 책을 쓴 계기와 회사생활에 대해 묻자 카프카는 "나는 회사 가는 게 죽기보다 싫었습니다. 그만큼 일이 싫었기 때문이죠. 단지 먹고 살기 위해 일한 거예요. 그래서 퇴근하고 나서 평일 저녁과 주말에 미친 듯이 글을 썼습니다."라고 고백한다. 기자는 의문이 생겼다. '어떻게 죽기보다 가기 싫은 회사를 그렇게 오래 다녔을까?'라는 생각에 카프카가 일했던 전 직장에 찾아가 카프카와 함께 일했던 사람들을 인터뷰했다. 기자는 카프카가 회사에 가는 걸 싫어했으니 일도 제대로 안 하고 글 쓰는 것에만 관심이 있었을 거라는 동료의 인터뷰가 나올 것이라 생각했다. 그런데 놀랍게도 그와 함께 일한 모든 사람들은 카프카를 극찬했다. 카프카처럼 열심히 일한 직원이 없었다며, 그는 조직에서 최고의 핵심인재였다고 칭찬을 했다. 카프카는 죽을만큼 가기 싫은 직장이었지만 최선을 다해서 일했다. 철저하게 페르소나를 쓴 것이다.

이것은 카프카의 신념과 가치와도 연관이 있겠지만 조직생활을 잘하기 위해 철저하게 페르소나를 쓴 카프카를 융은 페르소나의 대표적인 사례라고 말한다. 즉, 사람들은 자신이 원하기만 하면 자신이 아닌 모습으로 살아갈 수 있다는 것이다. 내향이 강한 사람을 예로 들어 설명해 보자.

나는 집에서도 주로 혼자 있고 혼밥을 즐기고 친구도 꼭 만날 사람만 만난다. 운동도 쇼핑도 영화 보는 것도 혼자 하는 것이 편하다. 사람들과 부딪히는 자체가 피곤한 스타일이다. 그런데 대학을 졸업하고 취업을 했는데 영업파트에 배치되었다. 물론 내가 원한 직무는 아니었다. 그러나 나는 먹고 살아야 했기에 영업 일을 배우기 시작했다. 수많은 사람들과 미팅하고 회식도 하고 프레젠테이션도 해야 했다. 너무나 힘든 시간이었지만 나는 이 회사에서 커리어를 쌓아야 하고 유능해지고 싶은 마음이 간절해 열심히 외향형처럼 일했다. 수많은 사람들을 만나고 밝게 웃으며 적응했다. 철저하게 페르소나를 쓰고 살아간 것이다. 1년 이상 일하니 어느 정도 익숙해졌다. 그렇다고 성격기질이 바뀐 것은 아니다. 여전히 일터 외에 집에서는 내향형으로 살아간다. 만약 내가 영업 일을 하지 않는다면 다시 내향형처럼 행동하게 될 것이다.

이처럼 사람들은 자신만의 페르소나를 가지고 있다. 페르소나는 조직생활을 하기 위해서는 반드시 필요한 것이며, 얼마나 잘 쓰느냐에 따라 관계와 소통능력이 달라진다. 물론 자신의 성격기질을 지켜나가는 것이 편하긴 하지만 우리는 함께 어울어져 일을 해야 하기 때문에 다양한 페르소나로 사람들과 조화를 이루는 것이 필요하다. 특히 리더는 다채로운 페르소나를 써야 한다. 구성원의 성격기질에 따라 페르소나를 달리한다면 더욱 효과적인 소통을 할 수 있을 것이다.

⚡ 외향과 내향의 차이를 제대로 알고 소통하자

융은 사람의 성격기질을 에너지의 방향에 따라 외향Extraversion 과 내향Introversion으로 나누었다. 외향적인 사람은 말이 많고 행동도 적극적이며 다양한 인생을 추구한다. 이것저것 관심이 많고 하고 싶은 것도 많다. 반면 내향적인 사람은 말수가 적고 사색을 좋아하며 혼자 일하는 것을 선호한다. 심지어 식사도 혼밥을 좋아한다. 다양한 관심사보다는 자신에게 관심 있는 것만 깊이 파는 경향이 있다.

표현하는 방식도 외향적인 사람은 주로 만나서 이야기를 하거나 전화로 대화하는 등 직접적으로 표현하는 것을 좋아하지만, 내향적인 사람은 메일이나 메신저 등 글로 대화하는 것을 선호한다. 사람과의 관계에 있어서도 외향적인 사람은 새로운 사람을 만날 때 불편함을 크게 느끼지 않고 회식 등에서 사람들과 어울리는 것을 선호한다. 사람들과 만나면 에너지를 얻기 때문에 함께 있는 것을 좋아한다. 반면에 내향적인 사람은 소수의 밀접한 관계를 더 선호한다. 사람들이 많으면 에너지를 빼앗기기 때문에 소수의 친한 사람끼리 만나는 것을 선호하며 새로운 사람을 만나야 하는 자리라면 갈 때부터 불편함이 시작된다. 막상 만나서도 먼저 적극적으로 대화하기보다는 눈치를 보면서 먼저 말을 걸어 주기를 기다리는 편이다.

이렇게 외향과 내향적인 사람은 서로 다르기 때문에 일하는 방식과 소통의 형태도 달라질 수밖에 없다. 그런데 사람은 무의식적으로 자신과 비슷하게 행동하는 사람을 선호하는 경향이 있기 때문에 리더가 외향형이라면 회의를 즐겨 하고 대화하면서 함께 일하는 것을 선호할 수 있다. 이때 구성원이 내향형이라면 리더의 그런 행동이 불편할 수 있다. 물론 리더에게 맞추려고 노력은 하겠지만 관계가 지속될수록 에너지를 빼앗기고 피곤함이 깊어진다. 만약 이럴 때 리더가 구성원의 성격기질을 알고 있다면 유연하게 행동할 수 있을 것이다. 구성원이 혼자 일할 수 있도록 배려해 주고, 업무보고도 조급하지 않게 시간적 여유를 주며, 회의나 팀 미팅도 적절하게 조절할 수 있을 것이다. 이러한 행동들이 구성원을 존중하고 배려하는 리더십인 것이다. 반면에 구성원이 외향형이고 리더가 내향형이라면 리더는 조금 더 적극적으로 대화에 임하고 개인적인 미팅도 늘리면서 에너지 넘치게 업무지시를 하면 좋을 것이다.

이처럼 상대방의 성격을 파악하여 개별적인 맞춤형 리더십을 발휘한다면 좋은 관계를 맺으면서 효과적으로 일할 수 있다. 반면에 리더가 자신만의 방식을 고집하고 자신의 성격대로 구성원들이 맞춰주기만을 원한다면 보이지 않는 불만과 불편함이 계속 쌓일 것

외향과 내향의 특징

외향형(E)	내향형(I)
주의집중 – 자기 외부	주의집중 – 자기 내부
외부활동과 적극성	내부활동과 집중력
폭넓은 대인관계(다수)	깊이 있는 인간관계(소수)
말로 표현	글로 표현
활동에 의한 에너지 충전	비축에 의한 에너지 충전
사교성, 인사	자기공간
여러 사람과 동시에 대화	1:1의 대화
정열적, 활동적	조용하고 신중
경험한 다음에 이해	이해한 다음에 경험
쉽게 알려짐	서서히 알려짐

성과를 내는 팀장의 완벽한 리더십

이고 업무에도 나쁜 영향을 미치게 될 것이다. 결국 상대방의 성격을 이해한다는 것은 개개인 맞춤형으로 상대방을 이해할 수 있고 소통할 수 있다는 것이다.

⚓ 사고와 감정의 차이를 제대로 알고 소통하자

융은 사람들의 관계방식에 따라 사고Thinking와 감정Feeling으로 나누었다. 사고형은 논리적이고 분석적이며 객관적인 사람이다. 정의와 공평을 중시하고 사람들과 말할 때도 직선적으로 말하는 편이다. 반면에 감정형은 상징적·포괄적이며 주관적 공감이 중요하다. 공동의 조화를 추구하는 편이며 사람과의 관계가 중요하기 때문에 말도 돌려서 한다. 그래서 사고형 리더와 감정형 직원이 함께 일하게 되면 사고형 리더의 분석적이고 객관적이면서 직설적인 피드백에 감정형 직원은 상처를 받는다.

감정형은 사람과의 관계가 중요하기 때문에 직설적인 말에 불편해한다. 감정형은 사고형의 이성적이고 논리적으로 말하는 소통방식이 마음에 들지 않는다. 직설적인 말에 민감하게 반응하고 상처를 받게 되면서 결국 관계를 어렵게 만든다. 반면에 사고형은 매사 감정적으로 대하고 상처를 받는 감정형이 불편하다. 팩트를 기반으로 대화하고 감정에 휘둘리지 않고 논리적으로 설명하고 일하는 것이 편하다고 느끼기 때문이다.

이처럼 사람들의 성격이 다름을 이해하지 못하고 자신의 성격

기준에서 타인을 평가하게 되면 관계는 틀어지고 소통은 어렵게 된다. 따라서 소통은 철저하게 타인 중심으로 이루어져야 한다. 이 때 상대방의 성격을 아는 것은 상대방에게 어떻게 맞춰야 할지에 대한 힌트를 얻는 것이다. 타인이 어떤 성격인지를 파악하여 그 부분을 이해하고 수용하면서 소통해야 한다.

　리더로서 먼저 구성원의 성향에 따라 유연하게 맞출 수 있다면 좋은 관계를 맺고 소통을 잘하는 리더로 평가받을 것이다. 구성원 개개인의 성격을 제대로 이해하고 그에 맞춰 소통과 코칭을 하는 리더가 훌륭한 리더로 평가받는 시대이기 때문이다.

사고형과 감정형의 특징

사고형(T)	감정형(F)
관심의 주제 – 사실, 진실	관심의 주제 – 사람, 관계
객관적 진실	보편적인 선
원리와 원칙	의미와 영향
논리적	상황적
분석적	포괄적
간단명료한 설명	정상을 참작한 설명
지능 논평을 선호	우호적 협조
객관적 판단	주관적 판단
원인과 결과가 중요	좋다, 나쁘다가 중요
규범과 기준을 중시	나에게 주는 의미

성과를 내는 팀장의 완벽한 리더십

LEADERSHIP

타인의 본심을
이해하는 경청

리더의 커뮤니케이션에서 가장 중요한 것 중 하나를 꼽으라면 단연 '경청'이다. 사람의 말을 제대로 듣는 것은 그 사람과 좋은 관계를 맺는 것에 가장 우선하기 때문이다. 그리스 철학자인 제논은 "신은 인간에게 두 개의 귀와 하나의 혀를 주셨다. 인간은 말하는 것의 두 배만큼 들을 의무가 있다"라고 말했다. 그리스 시대에도 경청의 중요성을 강조한 말이었다. 시카고 대학 교수였던 토마스 고든은 "경청은 감정을 정화한다. 경청은 상대로 하여금 자신의 감정을 정확하게 지적해 내도록 돕는다. 사람은 자신의 감정을 표현하고 난 후 마술처럼 그 감정이 거의 사라져 버린 것 같아 보일 때가 종종 있다"라고 말했다. 타인의 말을 잘 들어주면 상대방은 마음이 편안해지고 감정이 편안해진다는 것이다.

회사에서 리더 때문에 화가 난 김 대리가 저녁에 친구와 약속을 잡았다.

친구에게 직장상사 험담을 하며 화를 내는데 친구가 잘 들어준다. 리액션을 하면서 공감을 해주니 마음이 좀 풀렸다. 물론 문제해결은 되지 않았지만 감정적으로 위안이 되었다. 이것이 경청의 힘이다.

경청은 타인의 마음을 열어주는 힘이 있다. 일반적으로 듣는다는 것은 상대방이 하고 있는 말을 자기 입장으로 듣는 것이기 때문에 상대가 전하려는 의미가 왜곡될 수 있다. 그러나 경청은 상대방이 말하는 것과 느끼는 것을 실제로 이해하는 것이다. 어떤 의도로 이야기하는지를 마음 깊이 이해하는 것이다. 경청은 타인의 의도, 감정, 정황 등을 말하는 사람 중심으로 듣고 반응하기 때문에 타인의 마음을 저절로 열 수 있는 것이다.

경傾은 '겸손하다'의 의미이고, 청聽은 '귀로 듣고 눈으로 보고 마음으로 공감한다'는 의미이다. 한자어로 풀어본 경청의 의미에서 진정한 듣기의 의미를 잘 알 수 있다. '공감하며 듣는다'는 것은 상대방의 말을 잘 들어주고 감정을 알아주며 본심까지 파악하는 것이다. 상대의 말을 잘 들어주면 원래 이야기하지 않으려 했던 말도 자연스럽게 나오게 되는 것도 이런 이유 때문이다.

▼ 경청의 수준

경청의 수준은 3단계로 나눌 수 있는데, 가장 낮은 수준은 배우자 경청 Spouse Listening이다. 부부간의 대화 상황에서는 건성으로 들는 경우가 많기 때문에 마치 배우자의 말처럼 대충 듣게 되면 나쁜 경청의 수준이 된다. 모든 배우자가 그런 것은 아니니 약간의 유머 요소가 들어간 수준이라 생각하면 좋을 것이다.

중간 수준의 경청은 수동적 경청Passive Listening이다. 대화를 할 때 아무 반응도 보여주지 않아 혼자 말하는 상황이 수동적 경청이다. 상대방이 말하고 있는데 아무런 반응이 없으면 내용에 공감했는지 아닌지 알 수 없기 때문에 말하는 사람이 답답함을 느끼게 된다.

가장 좋은 경청의 수준은 적극적 경청Active Listening이다. 상대방을 공감해 주며 감정, 의도, 욕구, 본심까지 듣는 경청이다. 설령 상대방의 생각이 나와 다르더라도 그 사람이 느낀 감정에 공감해 주며, 말하는 상대의 기분와 감정 욕구까지 알려고 노력하면서 듣는 것이 적극적 경청이다.

⚡ 경청의 깊이

상대방의 말을 들을 때에는 그 말에 깊숙이 있는 본심을 파악하는 것이 중요한데 '왜 이런 말을 했을까?' '이렇게 말한 표면적인 이유 말고 본질적인 이유는 무엇일까?'를 생각해 봐야 한다. 구성원이 리더에게 이런 말을 했다고 가정해 보자.

"저는 이 조직에서 비전이 없다고 생각합니다."

이런 말을 들었을 때 '표면적인 이유 말고 이면에는 어떤 의도를 가지고 있는 것일까?'를 생각해 보는 것이다. 그런데 본심을 파악해 보지도 않고 이렇게 피드백을 한다면 제대로 경청을 하지 않은 것이다.

"비전을 누가 만들어 주나? 네 스스로 만들어야지. 조직에서는 스스로 알아서 생존하는 거야. 그래야 성공하는 거지!"

리더가 이렇게 말한다면 구성원은 어떤 기분이 들까? '팀장님은 내 본심을 제대로 이해하지 못하는구나'라고 생각할 것이다. 사실은 조직에서 더 잘하고 싶어 리더에게 조언을 구하고자 한 말인데 비난만 들어서 서운할 것이다.

'직원이 이 조직에서 뭔가 희망을 갖고 싶어서 그런 건가?'
'조직에서 자신의 존재감이 너무 미약해서 실망해서 말한 건가?'
'지금 직장에 큰 불만이 있어서 나에게 이렇게 말하는 건가?'
'혹시 이직을 생각해서 나에게 상담하려고 하는 건가?'

이처럼 경청을 한다는 것은 말 이면에 있는 것을 계속해서 생각하는 것이다. 어떤 것이 구성원의 마음인지는 모르지만 감정과 본심을 파악하려는 노력 속에서 실제 구성원의 마음을 알게 될 수 있다.

경청은 엄청난 힘을 가지고 있다. 끝까지 들어주는 것은 힘이 들지만 제대로 들어주면 내가 원하지 않아도 정답을 알 수 있다. 상대방이 스스로 모두 말하기 때문이다. 인내심을 가지고 질문을 계속하면서 들어주면 그 어떤 것보다도 강력한 파워를 경험할 것이다.

성과를 내는 팀장의 완벽한 리더십

LEADERSHIP

타인의 감정을
지지하는 공감

공감의 사전적인 의미는 '남의 감정, 의견, 주장 따위에 대해 자기도 그렇다고 느끼는 것'이다. 동기강화 상담에서의 심리학적 의미는 조금 더 깊은 의미를 가지고 있는데, '상대방의 입장에서 상대방의 세계를 지각하고 있음을 보여주는 의사소통 상태, 그러나 상대방의 입장일 뿐, 실제 그 사람이 되는 것은 아니다'는 것이다. 이것을 좀 더 자세히 풀어보면 '공감한다는 것은 현재 상황에 대해 상대방이 느낀 감정에 대해 공감하는 것이지 동의(동감)한다는 것은 아니다. 우리는 상대방의 이야기에 언제나 동의할 수도 없고 동의할 필요도 없다. 다만 상대방이 느낀 감정에는 충분히 공감할 수 있다'는 의미이다.

조직에서 대화를 할 때 리더가 구성원이 말하는 것에 동의하지 않으면 말을 끊어버리거나 듣지 않으려 한다. 그러나 공감은 상대방의 말에 동의하지 않아도 들어줄 수 있다. 상대방이 느낀 감정에만 공감해도 되기 때문이다. 어떤 사람들은 상대방과 생각이 다른데 끝까지 들어주면 상대방이 자신의 생각에 동의한다고 오해할 수 있기 때문에 끝까지 듣지 않는다고 한다. 그렇지 않다. 끝까지 들어줘도 된다. 생각이 달라도 들어줄 수 있다. 그리고 마지막에 "내가 당신의 말에 동의하지는 않지만 그렇게 느낀 감정은 공감할 수 있습니다"라고 말하면 상대방은 자신과 다른 생각을 가졌음에도 끝까지 들어준 것에 대해 오히려 감사함을 느끼게 된다. 그렇게 되면서 더욱 신뢰감이 생길 것이다.

공감은 상대방의 준거 틀에 들어가려고 노력하는 것, 상대방이 말을 했을 때 마치 내가 그 상대방인 것처럼 역지사지로 생각하는 것이다. 이렇게 공감하려는 노력을 하게 되면 처음에는 다른 생각을 듣는 것이 불편하기는 하지만 공감의 노력으로 상대방을 어느 정도 이해하게 되기도 한다. 이것이 공감의 힘이다. 그래서 정신과 의사 정혜신 박사는 '공감은 네가 옳다는 믿음, 나는 어떤 상황에서도 너를 지지한다는 마음'이라고 말한다. 생각이 다르더라도 '상대방의 생각이나 행동이 옳을 거야'라는 지지와 믿음이 상대방에게 전해지면 상대방은 충분히 감사함을 표현할 것이다.

⧗ 성별과 연령의 공감 차이

남자와 여자의 공감능력은 어떤 차이가 있을까? 생물학적으로 연구해 보면 여성의 공감능력이 더 뛰어나다고 한다. 물론 모든 여

성과를 내는 팀장의 완벽한 리더십

성이 그렇다는 것은 아니다. 평균적으로 그렇다는 말이다. 그리고 나이가 들고 직급이 올라가면 공감능력이 떨어진다고 한다. 그렇다면 나이가 많고 직급이 높은 남성 리더들은 공감능력이 많이 떨어져 있을 가능성이 크다. 그래서 타인의 피드백에 의해 공감능력이 떨어진 것을 확인한 리더들은 스스로 공감능력이 낮다는 것을 인정하고 높이려는 노력을 해야 한다. 다행인 것은 공감능력은 높이려고 노력하면 끌어올릴 수 있다. 상대방의 말을 충분히 경청하고 공감하려는 마음가짐을 가지고 지속적으로 연습하며 노력하면 공감능력은 향상될 것이다.

⌛ 공감을 방해하는 6가지 장애물

공감을 방해하는 6가지 장애물이 있는데, 나는 몇 가지가 해당되는지 체크해 보자.

1) 충고, 조언, 교육하기	2) 분석, 진단, 설명하기
3) 동정, 애처로워하기	4) 조사, 신문하기
5) 평가, 빈정대기	6) 한 번에 딱 자르기

1) 충고, 조언, 교육하기

"그 직급 때는 다 그런 생각을 하는 거야."

"그런 문제라면 내가 추천하는 책을 보면 아주 도움이 될 거야."

대화를 할 때 자신의 경험에 비춘 충고나 조언은 공감이 아니다. 이것은 상대방을 위한 것이 아니라 비난하거나 위로해 주는 느낌을 준다.

2) 분석, 진단, 설명하기

"그런 식으로 생각하는 거 보니 너는 우울증 초기인 것 같아."

"네가 원래 성격이 내향적이어서 그래."

"조직에 적응이 어려운 것은 너무 네 생각만 하고 살아서 그래."

상대방의 대화 의지를 꺾는 분석, 진단, 설명하기는 공감이 아니다. 상대방의 의욕을 상실하게 만드는 원인이 된다.

3) 동정, 애처로워하기

"어쩜 그렇게 일이 꼬이니?"

"큰일이네, 너 이제 어떻게 할래?"

자신의 입장에서 상대방을 이해하여 상처를 줄 수 있는 동정은 공감이 아니다. 동정하는 것은 위로에 그친다. 실제 상대방을 공감해서 하는 것이 아니다.

4) 조사, 심문하기

"언제부터 그렇게 느끼기 시작했어?"

"무슨 일이 있었던 거야?'

"앞으로 어떻게 할 거야? 대책 있어?"

대화를 할 때 함께 해결하기보다 상대방을 계속 추궁하는 듯한

성과를 내는 팀장의 완벽한 리더십

대화는 공감이 아니다. 공감은 조사하는 것이 아니다. 충분히 들어 주고 이해해 주는 것이다.

5) 평가, 빈정대기

"넌 너무 나약해. 그래서 이 험한 세상을 어떻게 살아가겠니?"

"내 말 안 듣더니 이제 와서 하는 소리가 고작 그거야?"

상대방의 말을 평가하는 것은 잔소리에 불과하다. 내 생각에 화를 내는 것이지 공감하는 것이 아니다.

6) 한 번에 딱 자르기

"됐어, 시끄러. 그만 좀 해."

"됐어, 밥이나 먹으러 가자. 먹고 나면 괜찮아질 거야."

상대방의 이야기를 끝까지 듣지 않고 중단시키는 것은 공감이 아니다. 상대방이 힘들어서 말하는데, 말을 끊는 것은 감정을 존중하지 않는 것이다.

공감을 방해하는 6가지 장애물 중 나는 몇 가지나 해당될까? 만약 3가지 이상 해당된다면 공감 대화를 하고 있지 않은 것이다. 다시 한 번 자신을 돌아보자. 나는 타인에 대해 얼마나 공감하고 있는가? 공감하고 있다고 하면서 상처를 주고 더 힘들게 하고 있는지 돌아볼 필요가 있다.

경청과 공감의
5단계 프로세스

경청과 공감의 5가지 프로세스는 누구나 하고 있는 당연한 것이라고 생각할지 모르겠지만 생각보다 이 프로세스에 따라 경청하고 공감하는 사람은 많지 않다. 기본이 중요하다. 반드시 해야 할 것만 제대로 해도 우리는 충분히 훌륭한 경청자가 될 수 있다. 리더들은 항상 자신이 구성원들의 말을 잘 듣고 있다고 생각한다. 그러나 구성원들에게 물어보면 리더들은 자신의 말만 하고 잘 듣지 않는다고 한다. 어떤 것이 맞는 것일까? 후자의 말이 맞을 가능성이 크다.

경청과 공감의 5단계 프로세스를 잘 기억하고 연습해 보자. 처음에는 어색하겠지만 지속적으로 연습하다 보면 나중에는 경청과 공감을 잘하는 리더로 인정받게 될 것이다.

1단계) 귀담아듣기

경청과 공감의 첫 단계는 입을 다물고 있는 것이다. 일단 상대방

성과를 내는 팀장의 완벽한 리더십

1단계	2단계	3단계	4단계	5단계
귀담아듣기	도중에 차단하지 않기	판단하지 않기	반응을 보이면서 듣기	편안한 분위기 속에서 대답해 주기

의 말을 무조건 듣는다. 모든 감각기관을 총동원하여 온몸으로 들어보는 것이다.

2단계) 도중에 차단하지 않기

들는 도중에 자신의 이야기를 하고 싶은 욕구를 참는 것이다. 들다가 상대방이 오해하고 있는 것 같아 중간에 말을 해야 한다면 '말끊어서 미안한데 뭔가 오해가 있는 것 같아서요. 제 말을 좀 해도 될까요?'라고 부탁을 먼저 하자. 생각이 다르다고 말을 끊는 것과 부탁하는 것은 엄청난 차이가 있다.

3단계) 판단하지 않기

대화를 할 때 사람들은 누구나 선입견을 가지고 있다. 일 잘하는 사람, 일 못하는 사람, 좋아하는 사람, 미워하는 사람 등 상대방에 대해 개인별로 프레임을 가지고 있을 것이다. 그러나 새로운 주제로 말할 때에는 마치 처음 만나는 사람처럼 생각하고 대화해야 한다. 프레임을 벗어 던지고 대화의 주제에만 집중해서 대화할 수 있어야 평가하지 않고 솔직하게 대화를 나눌 수 있다.

4단계) 반응을 보이면서 듣기

상대방의 눈, 얼굴 표정, 제스처 등의 비언어 커뮤니케이션을 확인하면서 적극적으로 리액션해 주며 듣는다. 상대방의 눈을 마주치며 라포를 형성하면 상대방은 자신의 생각을 좀 더 솔직하게 말할 수 있다.

5단계) 편안한 분위기 속에서 대답해 주기

상대방의 말을 들으며 편안한 분위기 속에서 들은 내용을 말로 정리해 주면 좋다. 잘 이해가 되지 않는 것은 질문도 하고 확인하면서 들어준다. "지금 김 대리가 말하고 싶은 것은 일이 너무 많아서 번아웃 상태라는 거죠, 그래서 다른 팀원이랑 일을 나눠서 했으면 좋겠다는 말을 지금 하는 거죠?"라고 물어봐 주면 그것이 맞는지 아닌지 확인할 수 있다.

교통사고가 나서 고통받는 아픔과 사람 관계 때문에 힘든 아픔 중 어떤 아픔이 더 고통이 클까? 심리학에서 연구해 본 결과 두 고통은 동일하다는 결론이 나왔다. 사람들은 교통사고로 아픈 상처가 훨씬 크다고 생각하지만 실제로는 사람 관계 때문에 고통받는 마음도 교통사고처럼 마음으로 피를 흘리고 있는 것이다. 사람 관계의 어려움은 별 것 아니라고 여기는 사람들이 있는데, 그것은 사실이 아니다. 마음의 상처가 더 힘들고 고통스러울 수 있다. 리더는 그 고통을 충분히 이해하고 보듬어 줘야 한다. '상처받은 사람을 살리는 길은 공감뿐이다'는 말을 기억하고, 힘들어하는 구성원이 있다면 충분히 공감해 주는 리더가 되어야 한다.

LEADERSHIP INSIGHT

Part 5

리더의
세대 공감

공감은 인간관계의 가장 근본적인 개념이다.
공감은 세상을 자신의 눈에 비추는 게 아니라
다른 사람의 눈으로 바라보는 것이다.
- 칼 로저스(심리학자)

MZ세대와 기성세대의 갈등

세대 간의 갈등은 오랜 기간 동안 있어 온 화두이다. 5000년 전 이집트 피라미드에도 '젊은 것들은 버릇이 없다'라고 적혀 있다고 하는데, 지금은 더할 나위 없을 것이다. 하지만 세대 간의 갈등을 단순히 원래부터 있어 왔던 것이라고 치부하기에는 지금의 세대갈등은 본질적으로 몇 가지 문제가 있다.

⚹ 디지털과 아날로그의 차이

기성세대는 아날로그 시대에 태어나 성인이 되어 디지털 세상을 접한 세대이다. 스마트폰과 같은 디지털 기기를 잘 사용하기는 하지만 그것은 단지 실용성과 편의성을 위한 것이다. 그러나 MZ세대들은 어렸을 때부터 디지털 기기를 사용해 왔고, 그것은 그들의 삶

성과를 내는 팀장의 완벽한 리더십

의 일부이다. 특히 Z세대 사원들에게 "스마트폰은 여러분에게 어떤 의미입니까?"라고 물으면 많은 친구들이 "스마트폰은 부모님과 같은 존재, 나의 목숨과 같은 존재, 수족"이라고 답한다. 그들의 삶과는 떨어질 수 없는 너무나도 소중한 존재인 것이다. 물론 기성세대들도 스마트폰이 필요하고 중요하다고 생각하지만 그들과는 다른 관점에서 중요할 뿐이다. 생활을 편리하게 해주고 업무생산성을 높여주지만 목숨과도 같은 존재는 아니기 때문이다.

✗ 어쩌면 기성세대의 프레임

이러한 디지털과 아날로그의 차이는 생각하고 행동하는 것의 차이를 가져오고 심한 경우 갈등을 일으키기도 한다. 기성세대에게 MZ세대 하면 떠오르는 단어 중에서 가장 많이 나오는 것이 '개인주의' '이기주의'와 같은 말이다. 자기밖에 모르며 상대방을 배려할 줄 모른다는 말이다. 그런데 이 말을 Z세대 사원들에게 질문하니 어떤 말이 나왔을까? 그들은 한결같이 이렇게 말한다.

"저는 그분들을 이해할 수 없어요. 우리는 선진국에서 태어났고 그분들은 개발도상국에서 자랐잖아요. 우리가 선진국이라 말하는 미국이나 유럽 사람들이 개인주의적이라고 해서 그들을 비난하지는 않잖아요. 그냥 그들의 특성인 거죠. 그런데 왜 우리한테는 그런 비난을 하는 거죠?"

우리 저자들은 이 말에 공감을 한다. 어쩌면 '세대 차이'라는 것은 기성세대가 가지고 있던 세대의 프레임을 MZ세대에게 그대로 적용해서 나온 불편함이 아닐까? 과거에는 서로 돕고 배려해야 살아갈 수 있는 세대였다. 자신보다 타인이 먼저였고, 일할 때도 협력하면서 힘들 때 도와주는 팀워크가 중요한 세대였다. 그러다 보니 혼자 일하기 좋아하고 주어진 일만 하는 것처럼 보이는 MZ세대들이 기성세대의 입장에서는 불편할 수 있는 것이다. 기성세대들이 가진 프레임으로 보면 MZ세대들은 모두 버릇이 없고 이상한 사람들일 수밖에 없다. 하지만 이것은 다름의 문제이지 옳고 그름의 문제는 아니라고 생각한다.

세대를 이해하는 관점이 바뀌어야 세대 간의 갈등을 해소할 수 있다. 서로가 서로를 이해하고 존중하는 자세, 그들이 살아왔던 환경을 존중해 주는 마음을 가져야 세대 간의 갈등이 해소되고 소통이 잘될 것이다.

세대별 구분과 특징

지금도 많은 학자들과 전문가들이 세대를 구분하고 있지만 어쩌면 세대 구분은 의미가 없을지도 모른다. 기성세대가 Z세대의 사고를 가질 수도 있고 Z세대가 기성세대의 사고를 가질 수도 있기 때문이다. 하지만 그럼에도 불구하고 세대를 이해하기 위해서는 각 세대별 구분과 특징을 살펴볼 필요가 있다.

⏳ 베이비붐세대(386세대)

1960년대에 태어나 1980년대에 20대를 보낸 세대로, 민주화 운동을 겪은 세대이다. 이들은 당시 30대의 나이에 80년대 학번이고,

60년대에 태어난 세대여서 386세대라고 불리기도 한다.

자신들이 민주화 운동을 통해 세상을 변화시켰다는 신념이 있으며, 어려운 시절을 이겨내고 선진국을 만들었다는 자부심이 큰 세대이다. 다소 일관성 없는 리더십을 발휘하긴 하지만 아직도 여전히 주요 기업에서 CEO 등 핵심 리더로 영향력을 발휘하고 있다.

⏳ X세대(Young forty, 낀세대)

1960년대 후반에서 1970년대에 태어난 세대로, 부모의 경제적인 풍요로움이 이들의 자유로운 사고에 기여했다. 스스로를 기성세대와는 다르다고 생각하며 독특한 것에 관심이 많고 개성 있는 삶을 살고자 한다. 또 오렌지족 같은 자유분방한 행동을 하는 것에 익숙하고 자신만의 세계관을 구축하려고 애를 쓴 세대이다. 베이비붐 세대의 사고방식에서 벗어나려고 노력했으나 그들의 권위적인 행동을 배우기도 한 세대이다. 1990년대 후반 IMF 외환위기를 겪으면서 사고방식이 합리적이고 안정적인 방향으로 바뀌었다. 조직에서는 리더의 역할을 하고 있으나 MZ세대들에게는 꼰대라는 인식이 강한 세대이기도 하다.

▼ 밀레니얼 세대(M세대)

1980년대 이후에 태어나 20대를 2000년대에 보낸 세대이다. 스마트폰이나 태블릿PC 같은 디지털 기기가 생활화되어 있고 SNS 활동이 매우 활발하다. 비교적 민주적인 사회 분위기 속에서 성장했고, 행복을 추구하며 다양성을 존중하는 데 관심이 많다.

자신이 하고 싶어 하는 일에 충실해 원하는 일이라면 고리타분한 자리는 언제든 버릴 수 있을 정도로 열정적이다. 조직에서는 30대 실무자가 대부분 밀레니얼 세대인데, 나이로는 40대 초반까지도 밀레니얼 세대에 포함되기 때문에 최근에는 밀레니얼 세대 팀장들이 늘어나는 추세이다. 특히 IT기업이나 게임산업에서는 리더 대부분이 밀레니얼 세대인 기업들도 많다. 이처럼 밀레니얼 세대의 영향력이 커지고 있기 때문에 이들의 리더십이 더욱 중요해지고 있다.

▼ Z세대

1995년 전후에 태어난 세대를 말한다. 태어날 때부터 디지털을 안고 살아가는 세대라고 해서 '디지털 네이티브'라고 부르기도 한다. 세대 구분을 하면 중고등학생도 Z세대 포함되지만, 요즘에는 이들을 알파(α)세대라고 구분해 부른다. 조직에서는 신입사원 대부분이 Z세대이다. 보통 MZ세대라고 붙여서 밀레니얼 세대와 통칭

해서 부르지만 엄밀히 따지면 이들은 전혀 다른 세대이다. 25세 전후의 Z세대와 40세의 밀레니얼 세대가 어떻게 같을 수 있겠는가? 이처럼 Z세대는 밀레니얼과는 많이 다른 세대이기 때문에 확실히 구분하는 것이 좋다.

Z세대는 적극적으로 자신을 표현하고, 자신에게 중요한 것을 최우선순위로 둔다. 저출산 시대에 주로 외동으로 태어나 부모의 지극한 사랑을 독차지했기 때문에 칭찬에 대한 욕구가 강하다. 디지털을 삶의 한 부분으로 생각하며, 유튜브·인스타그램·페이스북·틱톡과 같은 SNS가 아바타가 되어 자신을 대변하기도 한다. 제페토, 로블록스 같은 메타버스에서의 활동도 활발하다.

기성세대들은 개인주의·이기주의라는 말로 이들을 설명하지만 Z세대들은 그러한 평가에 동의하지 않는다. 어린 시절부터 치열한 경쟁 속에서 열심히 살아온 자신들에게, 기성세대가 하는 행동이나 말은 꼰대스럽게 여겨지기도 한다. 특히 보수적이고 틀에 박힌 기성세대에 대해 반감을 가지고 있으며, 조직에서 일을 할 때 본인의 성장성과 일의 가치를 최우선으로 삼고 있어 조직과 맞지 않으면 바로 퇴사해 버리는 경향성도 가지고 있다.

MZ세대의 특성 이해

MZ세대를 '단군 이래 최초로 부모보다 못사는 세대'라고 말한다. 물가는 계속 오르고, 열심히 일해도 집 한 채 살 수 없는 세대라는 것이다. 기성세대가 20대였던 시기에는 개발도상국이었지만 10%가 넘는 경제성장률 덕분에 일자리도 많고 나름 풍요로운 사회였다. 그러나 선진국으로 진입한 지금의 현실은 좋은 일자리는 갈수록 줄어들고 경쟁은 더욱 치열해지고 있다.

일자리에 대해서도 Z세대들은 기성세대와는 다른 관점을 가지고 있다. 세계적인 팬데믹 시대를 겪으며 좋은 일자리에 대한 경쟁은 더욱 치열해졌고, 중소기업이나 서비스업 같은 일자리는 일손이 부족해 오히려 구인난에 시달리고 있다. 자신이 하고 싶은 일이 아니면 억지 취업을 하지 않는 세대가 Z세대이다. 취업을 한 경우에도 1년 이내 퇴사율이 27%나 되는 현실이다 보니 기업들은 좋은 인재를 잡기 위해 많은 노력을 기울이고 있다.

✗ '나 때는 말이야' - 과거를 말하지 말라!

"옛날에는 이렇게 했는데, 요즘 젊은 친구들은 왜 그런 거지?"라는 말을 하는 순간 꼰대가 된다. 과거는 과거일 뿐이다. Z세대들은 상사의 과거 경험을 알 수도 없지만, 알고 싶어 하지도 않는다. 특히 회의나 회식 때 Z세대들에게 "나 때는 말이야"라고 말하는 순간 꼰대라는 꼬리표가 붙는다. Z세대들은 성장하기 위해 일을 하는 것이지 상사의 과거 이야기나 무용담을 들으러 회사에 온 것이 아니기 때문이다.

기성세대의 입장도 이해할 수 있다. 본전 생각이 날 것이다. 과거에는 현재와 같은 시스템이나 프로세스도 없이 정말 열심히 일했다. 지금처럼 IT나 AI 같은 것들이 단순한 것들을 대신 해 주지도 않았다. 그래서 지금 직원들이 일하는 것을 보면 격세지감을 느낀다. 자신이 과거 일할 때를 생각하면 지금 세대는 너무나 편해 보인다. 그래서 자신의 무용담을 MZ세대들에게 털어놓으면 바로 꼰대로 낙인찍힌다. '상사는 꼰대구나'라는 프레임이 생기면 모든 지시사항이 꼰대가 하는 말이 된다. 관계를 맺는 것뿐만 아니라 소통이 힘들어질 수밖에 없는 이유다.

소통이 잘되기 위해서는 상대방에 대한 호감이 있어야 가능하다. 우리는 호감이 있는 사람에게 더 많이 말하고 경청도 잘한다. 그러나 사람이 싫어지면 말도 하기 싫고 대면하기조차 싫어진다. 이것이 '나 때는 말이야'를 하지 말아야 하는 이유다. 만약 '나 때는 말이야'라는 말이 자신도 모르게 나왔다면 손으로 입을 막아라. 스스로 잘못 말했다고 직원들에게 사과하라. 실수였다고 말해라. 그렇게 해야 다시는 하지 않는다. 습관이라는 것은 무섭다. 한 번 하기 시작하면 반복해서 하게 되고 그것이 누적되면 꼰대라는 낙인은 계속 유지될 것이다.

⚎ 합리적인 업무 프로세스를 만들고 싶다

Z세대들은 합리적이고 생산성 있는 방식으로 일하고 싶어 한다. 형식이나 절차에 과도하게 집착하거나 복잡한 프로세스 때문에 일이 지연되는 것을 이해하지 못한다. 물론 조직은 오랜 시간에 걸쳐 만들어진 업무 프로세스가 있고, 때로는 비합리적인 절차가 있을 수 있다. 변화라는 것이 쉽지 않기 때문이다.

한 공공기관에서 신입직원이 불필요한 업무 프로세스 때문에 업무도 제대로 못하고 스트레스만 받은 사례가 있다.

아주 단순한 업무보고 문서를 다른 팀에 전달해야 하는데 결재가 필요하다고 해서 전자결재를 올렸다. 최대한 빨리 결재를 받아 다른 부서에 전달해야 했지만 과장, 실장, 부서장에게 올라가며 시간이 오래 걸렸고, 오전에 올린 결재가 퇴근 바로 전에 반려되었다. 오타가 몇 개 있다는 이유였다. 물론 문서에서 오타는 중요한 문제이긴 하다. 급히 넘겨야 하는 서류이다 보니 수정해서 다시 올렸다. 그런데 다음날 부서장이 출장이라 3일째 되는 날에 결재가 처리되었다. 한 장짜리 단순한 문서 하나를 타 부서에 넘기는 게 이렇게 오랜 시간이 걸릴 일인가에 대해 신입직원은 분노했다. 이런 사소한 것들은 전결을 하던지 권한위임을 해도 될 텐데 복잡한 프로세스와 결재 시스템으로 인해 발만 동동 구르다 타 부서의 신임만 잃었기 때문이다. 그래도 상사에게 한마디 말도 하지 못했다. 이러한 프로세스가 얼마나 부당한 것인지 건의를 해도 기성세대 상사에게는 받아들여지지 않는다는 것을 너무 잘 알기 때문이다.

합리적인 일처리는 불합리하고 불필요한 시간을 제거하는 것이다. 효율적으로 일하는 것은 잘못된 관행에 대한 의견을 받아들여 합리적으로 수정하는 것이다. 그러나 변화를 싫어하는 기성세대 때문에 Z세대들은 견디지 못하고 퇴사를 하는 경우도 있다. 따라서 Z세대들의 제안을 잘 들어주고 비효율적인 것은 개선하는 것이 조직이나 개인을 위해 중요하다.

⚔ 워라밸은 기본이다

워라밸이라는 화두는 지금도 여전히 직장인에게 중요한 이슈이다. 열심히 일하는 것이 중요한 만큼 개인의 생활도 존중받아야 한다는 것이다. 정해진 근무시간 동안 열심히 일하고 정시퇴근하는 것은 당연한 것이다. 특히 Z세대들에게 퇴근은 공정성과도 연관된다. 그러나 선진국이 된 지금도 워라밸이 잘 지켜지지 않는 조직이 많다. 과거에는 야근을 많이 해야 일을 잘하는 사람으로 평가받았

성과를 내는 팀장의 완벽한 리더십

고, 칼퇴근을 하면 일을 적게 한다고 생각했다. 상사보다 먼저 퇴근하는 직원들은 예의가 없다는 소리도 들었다. 자기 할 일이 다 끝나도 상사가 퇴근할 때까지 기다려야 하니 자연스럽게 일을 천천히 하는 문화가 만들어지기도 했다. 어차피 야근을 해야 하니 일을 뒤로 미루기도 했다.

그러나 Z세대들은 근무시간에 최대한 집중해서 일하고, 빨리 퇴근해서 자신만의 시간을 갖는 것이 중요하다. 물론 MZ세대도 근무시간에 타이트하게 일을 하고, 일이 많으면 당연히 야근도 한다. 그런데 근무시간에 여유있게 일하면서 야근을 강요하는 것은 용납할 수 없다. 시간을 효율적으로 활용하지 않으면서 긴 시간 일하기를 강요한다면 어떤 MZ세대들도 동의하지 않을 것이다.

⚓ 나의 사생활을 침범하지 말라

기성세대들은 조직에서 함께 일하면 가족이라고 생각했다. 부모님이 어떤 일을 하시는지 애인이 있는지부터 집에 숟가락이 몇 개인지까지 알 정도로 친밀해야 한다고 생각했다. 서로에 대해 자세하게 알아야 팀워크가 좋다고 여겼다.

그러나 MZ세대들은 사생활에 민감하다. '결혼은 왜 안하느냐' '지난 주말에 뭐했냐' '애인은 있느냐'와 같은 사적인 질문을 받으면 매우 불편해한다. 본인이 직접 사생활을 말하지 않는 이상, 상사라 해도 사적인 질문을 하지 않는 것이 좋다. 사생활은 철저하게 개인의 자유 영역이다. 부하직원이 자유롭게 사생활을 말하는 스타일이라면 편하게 물어보고 대화하면 된다. 그런데 사생활을 말하기 꺼려하는 부하직원이라면 굳이 물어보지 말아야 한다. 어떤 상사들은 모든 직원들을 공정하게 대우해야 하기 때문에 사생활을 물어보는 것도 그런 차원이라고 말한다. 하지만 이것은 공정의 문제가 아니라 취향의 문제이다.

상대방이 싫어하는 말을 해서 좋아할 사람이 누가 있겠는가? 상대방이 무엇을 원하는지 살펴보고 그것을 배려해 주는 것이 진정한 소통이다. 타인과의 관계는 결국 존중과 배려에서 결정되기 때문이다.

✗ MZ세대의 핵심 키워드는 '성장'

MZ세대가 조직생활에서 가장 원하는 것은 무엇일까? 여러 연구 결과에 따르면 '성장'을 꼽는다. 직장을 선택할 때도 이 회사가 나의 성장에 얼마나 도움이 될지가 중요하다. 단순히 돈벌이를 위해 다니는 회사는 싫다는 것이다. 물론 회사 선택의 조건에서 연봉이 1순위이긴 하지만 그것은 표면적인 결과일 뿐이다. 2위가 자신의 성장과 업무가 자신에게 적합한지의 여부인데, 이 부분이 진짜 그들이 고민하는 부분이다. 회사에 들어가 역량 있는 선배를 만나 나의 역량도 높아지고 성장한다면 조금 까칠한 선배라도 잘 따를 수 있다. 그러나 사람은 좋지만 역량이 떨어지는 선배라면 손절하고 싶어진다.

MZ세대는 나의 성장에 도움이 되지 않는 회사라면 바로 떠날 준비를 한다. 그래서 조직은 구성원의 성장을 위해 제도와 시스템을 만들고 역량 있는 선배들과 매칭시켜 일을 잘할 수 있는 환경을 만들어 줘야 한다. 특히 MZ세대들에게는 말이 아닌 행동으로 보여줘야 한다.

♟ 긍정적인 조직문화에서 즐겁게 일하는 일잘러

'즐거운 조직문화' '행복한 일터'와 같은 구호를 외치던 시절이 있었다. 하지만 과거에는 슬로건처럼 외치던 이러한 문화가 지금의 MZ세대에게는 너무나도 당연한 문화이다. 일을 하는 것도 사람과의 관계도 모두 재미가 있고, 행복해야 하는 것이다.

회식 때 신입사원이 "회사에서도 재미있게 일했으면 좋겠어요"라고 했더니 고참 부장이 이렇게 말했다고 한다. "즐거움은 돈을 내고 찾아. 회사는 돈을 받고 일하러 오는 곳이야. 여기에서 즐거움을 찾는 게 말이 되냐?" 이 말을 들은 신입사원은 멘붕에 빠졌다고 한다. 그리고 이렇게 외치고 싶었단다.
'난 이 조직에서 그 누구보다 열심히 일합니다. 최선을 다해서 일하고 시간을 절대 허투루 안씁니다. 그런데 함께 쉴 때나 회의할 때 너무 무겁지 않게 웃으면서 즐겁게 하면 안 되나요? 밝은 분위기 속에서 일해도 충분

히 성과를 낼 수 있는데 매번 회의 때마다 심각하고 분위기가 다운되니 성과가 더 안 납니다.'

물론 기성세대의 말도 이해는 된다. 과거에는 무조건 열심히 일해야만 성과가 났다. 즐겁게 일할 겨를도 없이 시간은 지나갔고, 묵묵히 자기 일만 잘하면 되는 시대였기 때문이다.

'열심히 하는 사람은 즐기는 사람을 이길 수 없다'는 말이 있다. 돈을 벌기 위해 일을 하더라도 그 안에서 의미와 가치를 찾고 재미까지 얻는다면 더 효율적으로 일할 수 있다는 것이다. MZ세대는 높은 연봉도 중요하지만 즐겁게 일할 수 있는 문화도 중요하다. 판교에 있는 IT기업이나 게임회사에서 직원들에게 다양한 복지 혜택을 주고 즐거운 조직문화를 만들려고 노력하는 이유가 여기에 있다. 마사지실, 수면실, 노래방, 게임방, 예쁜 카페 등을 갖추는 이유가 열심히 일하는 만큼 쉬면서 즐거움을 찾으면 더 큰 성과가 난다는 것을 알기 때문이다.

최근에 보수적이고 수직적인 문화를 가진 제조업의 임원들을 대상으로 소통에 대한 특강을 했다. 젊은 직원들이 계속 퇴사를 하고 있어 임원 대상 소통 특강을 의뢰한 것이다. 연봉도 좋고 복리후생 등 여건이 좋은데도 MZ세대들이 자꾸 퇴사를 하는 이유를 살펴보니 C레벨 임원부터 팀장까지 기성세대들의 꼰대적인 행동과 소통방식 때문이었다. 퇴사 후 서베이에 적나라하게 피드백이 적혀 있었다. 수직적이고 경직된 조직문화, 상사에게 제대로 말도 못하는 보수적인 문화의 회사라는 것이다.

이처럼 아무리 좋은 조건의 회사여도 보수적인 문화를 가진 조직은 좋은 인재와 함께 일하기 힘들다. 조직문화가 나쁜 회사는 여러 경로를 통해 소문이 나게 되어 있다. 특히 요즘 MZ세대들은 본인의 생각을 숨김없이 드러내기 때문에 조직문화 개선을 위해 노력하는 것만이 좋은 인재를 잡을 수 있는 길이다. 순간을 모면하기 위한 당근책은 결코 오래가지 않는다.

⚜ 공정하지 않은 리더와 조직은 신뢰할 수 없다

MZ세대가 가장 중요하게 생각하는 가치는 '공정'이다. MZ세대에게 공정이 중요한 이유는 그들이 살아온 과정에서 나온다. 기성세대는 학력고사나 수능에서 시험만 잘보면 대학이 결정되었다. 그런데 MZ세대의 대학 입시는 학종(학생부 종합전형)을 잘해야 했다. 어렸을 때부터 내신에 집중해야 하고, 공부뿐만 아니라 추가적으로 무엇을 하느냐가 중요하다. 이때 다양한 활동의 증거물들이 공정하지 않으면 대학이 달라질 수 있기 때문에 예민할 수밖에 없다.

유치원부터 대학까지의 모든 시간이 경쟁이었던 이들은 조직 안에서의 성과 평가에 대해서도 예민하다. 자신이 일한 만큼 정당하고 공정하게 평가를 받아야 인정한다. 이때 공정하지 않다는 생각이 들면 이의를 제기하고 근거를 요청한다. 상사들 입장에서는 난감할 수 있다. 과거에는 대충 넘어갔던 일들도 이제는 그럴 수 없다. 따라서 팩트에 기반하여 철저하고 공정하게 평가해야 한다. 연공서열과 같은 공정하지 않는 문화가 지속되면 MZ세대들은 분노하고 행동한다. 직장인들의 익명게시판 '블라인드'에는 분노한 MZ세대들이 회사를 비난하는 글들이 많다. 익명성 때문에 솔직하기도 하지만 불이익을 받을지라도 자신의 생각을 나누고 싶다는 의견도 많다. 실제로 블라인드의 글 때문에 임원이나 팀장 승진에 낙마한 리더들도 많다. 이제는 상사의 갑질이나 불공정한 행동은 절대 용납되지 않는 시대이다. MZ세대들이 원하는 공정이 조직문화로 정착될 때까지 그들은 계속 행동하고 지켜볼 것이다.

✗ '꼰대'는 물러가라

'꼰대'는 자신의 경험이나 생각이 무조건 옳다는 사고를 가진 어른이나 선생님을 비하하는 말로, 학생들 사이에 주로 유행하는 은어이다. 조직에서는 자신의 생각만을 강요하는 윗사람의 태도를 두고 '꼰대질을 한다'고 표현한다.

꼰대라는 말은 이제 기성세대와 MZ세대를 가르는 핵심적인 단어가 되었다. MZ세대는 자신들의 생각에 맞지 않다고 생각하는 기성세대를 '꼰대'라는 용어로 비하한다. 그런데 요즘은 젊은 꼰대도 많아졌다. 이들은 기성세대들의 꼰대 행동을 배워 후배들에게 똑같이 꼰대 행동을 한다. 그래서 꼰대라는 말은 꼭 나이든 사람들에게만 쓰는 것은 아니다. 꼰대 행동을 하면 그 누구도 꼰대가 될 수 있다.

성과를 내는 팀장의 완벽한 리더십

그렇다면 어떤 행동이 꼰대스러운 행동일까? 결론부터 말하면 여러 사람들이 꼰대라고 생각하면 그 사람은 꼰대라고 보면 된다. 자신의 행동을 돌아보고 다음과 같은 항목에 해당되는 행동을 하고 있다면 반드시 개선해야 한다. 자신이 꼰대라는 자기인식을 못하면 자신도 모르게 계속 행동하게 된다. 따라서 항상 다른 사람들의 말을 경청하고 피드백을 받아야 한다. 그래야 꼰대 행동을 개선할 수 있다. 자신의 신념에 따라 하고 싶은 대로 하면 영원히 꼰대 리더로 살아갈 것이다.

조직에서 꼰대라고 불리는 유형

• 나 때는 말이야	• 상사는 앉아서, 부하직원은 서서 업무 지시를 받을 때
• 자신이 다 안다고 생각하는 답정너	• 사적인 질문을 자주 할 때
• 충고한다고 하면서 길게 말할 때	• 잔소리할 때
• 시도 때도 없이 조언할 때	• 너 해봤어?
• 상대방의 의견을 존중하지 않을 때	• 예의를 따질 때
• 무조건 가르치려 할 때	• 듣지 않고 자기 말만 할 때
• 번개 회식을 자주 할 때	• 휴가 사유에 대해 끝까지 물어볼 때
• 회식에서 매번 똑같은 말을 반복할 때	
• 희생을 강요할 때	• 사소한 것까지 지적질할 때
• 의전을 강요할 때	• 회의시간에 혼자만 말하고 있을 때
• 과거의 업무처리 방식을 고집할 때	

LEADERSHIP

세대 간 소통과
코칭 솔루션

MZ세대들을 이해하며 제대로 소통하고 코칭하기 위해서는 그들과 함께하는 방법을 고민해야 한다. 어떻게 해야 그들과 좋은 관계를 맺고 소통할 수 있는가에 대한 솔루션을 알아보자.

▌ 신조어에 대한 이해를 높이자

MZ세대들이 쓰는 용어에 대해 긍정적으로 반응하는 것이 중요하다. 신조어는 대부분 줄임말이다. MZ세대는 문자나 카톡 같은 것을 주로 쓰기 때문에 말을 전체적으로 쓰면 효율적이지 못하다고 생각한다. 그래서 말을 줄여 쓰는 것이 문화가 되었고, 실제 그렇게 쓰는 경우가 많다. 그래서 그들이 자주 사용하는 신조어들을 알아두면 좋다. 또 MZ세대와 대화할 때 모르는 신조어가 나오면 당황하지 말고 어떤 의미냐고 물어보고, 기억해 두었다가 그들과 대화할 때 활용하면 친근감이 생길 것이다. 최근에 많이 사용하는 신조어들은 다음과 같다.

주요 신조어

- 억텐 : 억지텐션
- 임구 : 이미구독
- 남아공 : 남아서 공부나 해
- 군싹 : 군침이 싹 도네
- 갈비 : 갈수록 비호감
- 구취 : 구독취소
- 완내스 : 완전 내 스타일
- 불소 : 불타는 소통
- 알부자 : 알바로 부족한 학자금 채움
- 킹받네 : 열받네. 화가 나네
- 싫존주의 : 싫어하는 것도 존중해 줘라
- 좋댓구알 : 좋아요, 댓글, 구독, 알림 설정
- 알잘딱깔센 : 알아서 잘 딱 깔끔하고 센스있게
- 갓생 : 신 God과 인생을 합친 것으로 열심히 살아가는 삶
- 슬세권 : 역세권처럼 슬리퍼 신고 편하게 나갈 수 있는 범위

줄임말도 하다 보면 익숙해진다. 신조어가 나와도 어색해하지 말고 편하게 받아들이자. 그리고 알고 있는 신조어가 나오면 아는 척하며 대화를 이어가자.

⌛ YES 커뮤니케이션을 하자

MZ세대와 소통할 때는 YES 커뮤니케이션을 활용해 보자. YES 커뮤니케이션의 프로세스는 다음과 같다.

1단계) 긍정	→	2단계) 공감	→	3단계) 피드백

일단 대화를 할 때 1단계는 긍정하고 인정하는 것이다. 어떤 말이든 잘 들어주고 말한 내용에 대해 긍정적으로 받아주는 것이다. 2단계는 상대방이 말한 내용에 대해 공감을 하는 것이다. 나와 생각이 같든 다르든 충분히 들어주고 상대방이 그렇게 느낀 것에 대해 공감하면 된다. 3단계는 상대방의 말에 칭찬해 주면서 피드백을 해준다. '잘 생각했다'고, '좋은 이야기 해줘서 고맙다'고 말하면 된다. 그리고 나와 의견이 다르더라도 '좋은 의견이긴 하지만 나와는 생각이 다르네' '이렇게 해보면 어떨까?'라고 말하며 나의 의견을 피드백해 주면 된다.

이때 모든 프로세스에는 상대방을 지지한다는 마음이 있어야 한다. 소통을 할 때 가장 중요한 것은 내가 상대방에게 관심이 있으며 적극적으로 들을 의지가 있다는 것을 비언어 커뮤니케이션으로 보여주는 것이다. 표정, 목소리, 몸짓으로 충분히 설명이 가능하다.

MZ세대들은 비언어 커뮤니케이션에 민감하다. 영혼이 없는 말을 가장 싫어하는 것도 그 본심을 금방 알아차리기 때문이다. 성의 있는 대화를 하면서 Yes 커뮤니케이션을 잘 활용하면 좋은 소통을 할 수 있다.

성과를 내는 팀장의 완벽한 리더십

✒ 수평적인 소통을 하자

MZ세대와 소통을 할 때는 수평적인 소통이 중요하다. MZ세대들은 기성세대의 권위의식에 대한 거부감이 크기 때문에 회의나 미팅 시 자유로운 환경에서 대화를 하고 싶어 한다. 물론 조직에서 사람들은 직급과 나이가 다르기 때문에 직급을 무시하고 무조건 똑같이 대화를 하자는 것이 아니다. 다만 새로운 이슈나 주제로 회의나 미팅을 할 때에는 직급과 상관없이 수평적으로 소통을 하자는 것이다. 회의를 하는데 리더가 90% 말하고 팀원이 10% 말한다면 이것은 수평적인 소통이 아니다. 리더는 10% 이내, 팀원이 90% 이상 말하는 것이 좋다.

수평적인 소통은 직급을 막론하고 심리적 안정감 안에서 자유롭게 이야기할 수 있을 때 가능하다. MZ세대들은 자신의 생각을 자유롭게 표현하기를 원하기 때문이다. 자유롭게 대화하는 것을 인정해 주면 신뢰가 쌓이고 소통은 원활하게 이어질 것이다.

✒ 일에 대한 의미와 가치를 알게 하자

MZ세대들은 업무지시를 받을 때 '이 일을 왜 해야 하는지'가 중요하다. 일에 대한 명확한 목적과 이유를 알 때 더 열심히 몰입할 수 있기 때문이다. 《나는 왜 이 일을 하는가》의 저자 사이먼 사이넥은 '골든써클'에 대해 설명하면서 일을 할 때 WHY(이유)가 얼마나 중요한지를 이야기한다. 사람들을 설득할 때 WHY(이유)를 먼저 설명하고 HOW나 WHAT을 설명해야 하는데, 사람들은 보통 반대로 하기 때문에 설득이 안 된다는 것이다. 이 일을 왜 해야 하는지에 대한 이유WHY를 알고 일을 한다면 그 일에 더 몰입할 수 있다. 그러나 상사가 '무조건 시키는 대로만 해' '이유는 묻지 마'라고 한다면 일할 의욕은 사라질 것이다.

최근 들어 MZ세대에게 잡크래프팅 Job crafting이 유행인데, 이는 자신의 일을 스스로 변화시켜 더욱 의미있게 만드는 활동을 말한다. 즉, 잡크래프팅은 직무를 재창조해 구성원들이 의미를 찾아 스스로 일할 수 있는 환경을 만들어 주는 것이다. 구성원들이 일의 의미와 목적을 알기 때문에 스스로 잡크래프터가 되어 주관적이고 능동적으로 업무를 수행할 수 있게 된다. 따라서 MZ세대에게는 시간이 걸리더라도 이 일을 왜 해야 하는지 알려주면 일하는 시간보다 더 큰 성과를 내게 될 것이다.

✕ 역할과 책임에 대해 선택권과 자율권을 주자

MZ세대가 주니어급 직원이라고 해서 무조건 시키는 대로만 일할 거라고 생각해서는 안 된다. 연차가 적더라도 MZ세대들은 주도적으로 업무처리를 하고 싶은 의지가 있다. 일하는 환경도 나에게 맞게 최적화하고 싶은 마음이 있는 것이다. 따라서 사소한 일이거나 어렵지 않은 일들은 MZ세대에게 권한을 위임해 주고 스스로 책

성과를 내는 팀장의 완벽한 리더십

임감을 가지고 일하게 한다면 더욱 신중하게 일하게 될 것이다.

구성원의 역할과 책임에 대해 자유로운 선택권을 주고 있는 넷플릭스는 저연차 직원이라도 전문성에 대한 신뢰만 있다면 큰 금액의 의사결정권을 맡긴다. 먼저 의사결정을 하고 추후 리더에게 보고해도 된다. 권한위임에 대한 책임을 주는 것인데, 구성원들은 권한위임을 받으면 본인의 책임을 더 무겁게 느끼고 더욱 신중하게 일처리를 하게 된다. 이처럼 스스로 선택하며 일할 수 있는 환경을 만들어 주면 더 좋은 성과를 내는 기반이 될 것이다.

⚊ 평가와 보상은 공정하게 하자

MZ세대의 가장 중요한 특징인 '공정'에 입각하여, 평가를 할 때에는 공정하고 투명하게 해야 한다. 개인의 성과를 몇 개의 지표로만 판단하지 말아야 한다. 눈에 보이는 성과지표뿐만 아니라 태도·노력·근면성 등을 종합적으로 평가하는 것이 중요하다. 만약 조직의 평가지표에서 '실적'이 최우선이라 하더라도 그 평가 결과에 대한 투명성과 공정성이 보장된다면 MZ세대들은 결과를 인정할 것이다.

LEADERSHIP INSIGHT

Part 6

리더의
동기부여

사람들은 동기부여는 오래가지 않는다고 말한다.
그래서 매일 하라는 것이다.
- 지그 지글러(《정상에서 만납시다》 저자)

내적 동기부여를
확대하라

인간의 행동을 일으키는 근원적인 것을 '동기'라고 말한다. 동기는 어떤 행동을 일으키거나 어떤 행동을 유지시키는 행동, 즉 행동의 방향을 정해 주는 요인이 된다.

리더는 본인의 능력도 중요하지만 동기부여를 통해 구성원들에게 선한 영향력을 주는 사람이다. 조직이 목표로 하는 비전을 달성하기 위해 구성원에게 선한 영향력을 주어 성과를 내는 것이다. 따라서 구성원을 움직이는 동기부여는 리더의 역할에서 매우 중요한 부분을 차지한다.

▓ 동기부여 이론

동기부여는 '목표를 향해 자발적인 행동을 이끌어 내며, 그러한

성과를 내는 팀장의 완벽한 리더십

행동이 계속해서 이루어지게 하는 심리적 과정'이다. 동기부여에 관한 이론은 경영학의 조직행동론 분야에서 많이 연구되고 있는데, 그중에서 매슬로우의 욕구이론과 알더퍼의 ERG 이론이 가장 많이 활용되고 있다.

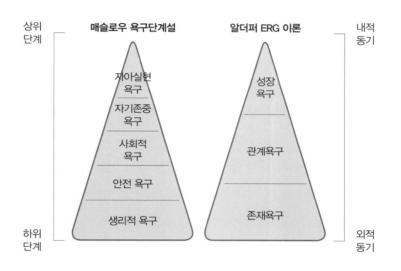

매슬로우의 욕구 5단계 이론에 따르면 사람은 생리적 욕구에서 자아실현의 욕구까지 한 가지 단계의 욕구가 충족되면 상위 단계의 욕구를 충족하려 한다는 것이다. 생리적 욕구와 같은 하위 단계에서 상위 단계로 올라갈수록 내적인 만족을 이루려는 자기존중과 자아실현의 욕구가 나타난다. 또 알더퍼의 ERG 이론에 따르면 사람의 존재욕구는 외적동기에 의해 결정되고, 관계욕구와 성장욕구는 내적동기에 의해 결정된다고 한다.

따라서 우리가 스스로 동기부여를 받으려면 사람들과 좋은 관계를 맺고 성장하고 있다는 것을 느껴야 한다. 결국 사람들은 자아실현, 자기존중, 관계욕구, 성장욕구를 충족시키기 위해 내적인 동기부여를 해야 하는 것이다.

✗ 외적 동기부여 vs 내적 동기부여

리더는 본인 혼자 업무를 잘하는 것을 넘어 구성원에게 동기부여를 통해 성과창출을 하는 역할을 수행해야 한다. 구성원이 동기부여가 되면 기대 이상의 성과를 낼 수 있기 때문이다. 따라서 유능한 리더는 구성원의 내적 동기부여를 끌어내어 그들이 가진 잠재력potencial을 발굴하고, 이를 성과에 적용할 수 있게 만들어야 한다.

동기부여는 외적 동기부여와 내적 동기부여로 구분할 수 있는데, 구성원에게 동기부여를 할 때는 내적 동기부여에 중점을 둬야 한다.

1) 외적 동기부여

외적 동기부여는 외부의 요인으로 인해 동기부여를 받는 것으로, 외부의 기대와 칭찬 등에 의해 생긴다. 때로는 처벌에 대한 두려움 때문에 강제로 동기부여되는 경우도 있다. 급여, 인센티브, 시상, 승진 등 보상에 의한 동기부여가 대표적인 외적 동기부여이다. 이처럼 외적 동기부여는 외부의 자극에 의해 생기는 것이기 때문에 지극히 결과 지향적인 태도를 보이게 된다. 또 일시적인 동기부

여는 될 수 있지만 지속적인 성과를 내기 위한 동기부여가 되기는
어렵다.

2) 내적 동기부여

자녀가 내적 동기부여를 통해 스스로 공부하거나, 하고 싶은 분
야를 선택하여 열심히 한다면 부모 입장에서는 매우 행복할 것이
다. 마찬가지로 조직에서 구성원이 스스로 성과를 내기 위해 열심
히 일한다면 리더는 얼마나 좋을까? 이렇게 스스로 움직이게 하는
것, 이것을 내적 동기부여라고 한다.

조직생활을 하다 보면 스스로 업무를 해나가는 과정에서 어떤
일에 특별히 관심이 가고 꼭 해결해 보고 싶은 경험이 있었을 것이
다. 상사가 지시한 것은 아니지만 구성원 개인이 무언가를 경험하
고 스스로 일을 만들어서 하고 싶다면 내적 동기부여가 충족된 상
태이다. 내적 동기를 가지고 있을 때 구성원은 온전히 업무에 집중
하게 되고, 그가 가진 한계를 넘어 몰입의 상태에 이르게 된다. 다
음은 내적 동기부여를 볼 수 있는 사례이다.

연예인의 사진작가로 유명한 오중석 씨는 군대 제대 후 주유소에 있는
세차장에서 아르바이트를 시작했다. 운전 경험이 있었던 오중석 씨는
세차장에 오는 고객들의 마음을 알기에 백미러 밑도 잘 닦아주고 바퀴
의 흙도 털어주는 등 보이지 않는 곳까지 신경 써서 최선을 다했다. 하지
만 맞은편의 경쟁 주유소에 비해 오중석 씨가 일하는 세차장은 장사가
시원치 않았다.

오중석 씨는 주유소 사장님을 찾아가 주유를 하는 고객에게는 세차요금 2,000원을 받지 말자고 제안했다. 사장님은 좋은 아이디어라며 제안을 받아들였고, 얼마 지나지 않아 오중석 씨가 일하는 주유소로 손님이 몰려왔다. 손님이 많아서 하루가 어떻게 지나는지 모를 정도였다.

어느 날 고급승용차를 타고 온 손님이 너무나 즐겁게 일하는 오중석 씨를 보고 "이 집 아들이냐?"고 물어봤다. 군 제대 후 집과 가까운 곳에서 일자리를 찾아 일하고 있다고 답하자 손님은 "피자헛에서 일하지 않겠는가?"라며 세차장보다 4배의 몸값에 스카웃 제의를 했다.

(출처 : <힘있는 이야기쇼>, JTBC, 2012.11.25.)

오중석 씨는 누가 시켜서 세차장을 깨끗이 청소하거나 개선하려고 한 것이 아니다. 내적인 동기부여가 오중석 씨를 행동하게 한 것이고, 이는 결국 주유소가 잘되는데 크게 기여를 했다. 리더는 스스로에게 질문해 볼 필요가 있다. 우리 조직의 구성원은 내적 동기부여가 잘되고 있는가?

➤ 내적 동기부여와 자기결정이론

내적 동기부여와 관련해 자기결정이론self-determination theory을 주장한 에드워드 데시와 리차드 라이언은 개인이 스스로 결정해서 행동할 때 동기부여가 된다는 것을 확인했다. 즉, 인간은 누구나 자신이 결정하고 싶은 욕구가 있기 때문에 타인의 지시나 강요에 의

성과를 내는 팀장의 완벽한 리더십

해서가 아니라 스스로 선택하고 판단하는 것이 동기부여에 효과적이라는 것이다. 자기결정이론에서는 인간의 기본적인 3가지 심리욕구에 대해 설명하고 있다.

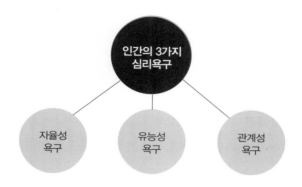

1) 자율성 욕구

사람은 누구나 행동의 근원이나 주체가 자신에게 있다고 느끼며, 스스로 목표를 세우고 행동하고 조절하기를 원한다. 이처럼 자율성이 보장되어야 구성원이 제대로 실력을 발휘할 수 있기 때문에 자율성은 자기결정이론의 핵심요소로 알려져 있다. 자율성의 반대 개념은 타인에 대한 의존성이다. 즉, 타인에 의해 통제받거나 조정당하고 있다는 느낌을 말한다. 따라서 리더는 구성원들이 의존성이 아니라 자율성 욕구를 통해 내적 동기부여를 일으킬 수 있도록 노력해야 한다.

2) 유능성 욕구

사람은 누구나 본인이 능력을 가지고 있고, 기회가 된다면 자신의 기술이나 능력·재능을 향상시키기를 원한다. 이러한 유능성의 욕구는 구성원 스스로가 유능하다고 느끼는 것으로, 자신의 능력을 활용해 최적의 도전을 추구하고, 최고의 기술과 역량을 유지하며 향상시키기 위해 끊임없이 도전을 하게 한다. 따라서 리더는 구성원들의 유능성 욕구에 대해 인식하고 구성원이 어떠한 업무나 상황에서도 유능성을 드러낼 수 있도록 동기부여를 해야 한다.

3) 관계성 욕구

사람은 누구나 타인과 연결되어 있고, 타인에게 관심을 가지고 배려하고 싶어 한다. 이러한 관계성 욕구는 조직 내에서 소속감이나 친애하는 욕구와 유사한 개념이다. 관계성 욕구가 높으면 외적 동기가 내적 동기로 변화되는데 결정적인 역할을 한다. 따라서 리더는 구성원들의 관계성 욕구를 감안해 서로가 좋은 관계를 맺으며 팀워크를 발휘할 수 있는 문화를 조성해야 한다.

효과적인 성과를 내기 위한 동기부여 원칙

리더는 혼자 일하지 않는다. 구성원이 많든 적든 함께 일한다. 그래서 구성원을 동기부여해 주는 것이 중요하다. 구성원이 훌륭한 성과를 낼 수 있도록 동기부여할 수 있는 몇 가지 원칙을 소개한다.

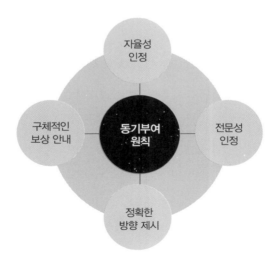

▼ 자율성을 인정한다

리더는 구성원이 자기주도적으로 문제해결을 할 수 있도록 자율성을 확보해 주어야 한다. 자율성을 인정해 주면 구성원은 스스로 열정적으로 일할 수 있는 여건이 갖춰진다. 자율성의 반대는 통제이다. 통제를 하면 내적 동기부여는 기대할 수 없다. 통제가 강화될수록 구성원은 조직과 리더의 눈치를 보게 되고 통제하에서만 행동하게 된다.

리더의 업무관리 스타일은 크게 2가지로 나뉘어진다. 구성원들의 자율성을 지켜주는 리더가 있는 반면, 리더임에도 불구하고 모든 일에 참견하는 마이크로 매니징을 하는 스타일이 있다.

(A팀장) 이번 창립기념일 행사 준비는 잘되어 가나요? 전체적인 컨셉과 특별히 체크해야 하는 부분을 설명해 주세요. 네. 잘 들었습니다. 여러분이 생각하는 강조점이 행사에 참여하는 VIP분들께도 잘 전달될 수 있도록 합시다. 그리고 준비사항에 대해서는 담당자가 체크리스트로 다시 한 번 점검해 주시겠어요? 진행하면서 어려움이 있다면 미리 저에게 얘기해 주시고 준비에 만전을 기하도록 합시다. 담당자들이 잘 진행해 주리라고 믿고, 기대합니다!

(B팀장) 이번 창립기념일 행사 준비는 어떻게 되어 가고 있는지 체크 좀 해봅시다. 행사장 단상 준비는 어떻게 되어가나요? 단상 세팅은 언제까지 할 건가요? 식사 메뉴는 어떤 걸로 준비했나요? 호텔 출장 코스요리? 얼마짜리? 그리고 플래카드는 언제까지 되나요? 플래카드 문구는 나에

성과를 내는 팀장의 완벽한 리더십

게 보고해 주었나요? 초대장의 글자 크기가 너무 작던데 더 크게, 몇 포인트가 좋냐면…

리더가 자율성을 주지 않고 하나하나 작은 부분까지 통제하려고 하면 구성원들의 동기부여는 사실상 어렵다. 잔소리를 듣지 않기 위해 리더가 지시하는 것만 하게 된다.

모든 업무를 구성원에게 위임하라는 것이 아니다. 리더가 꼼꼼하고 디테일하게 업무를 챙겨야 할 경우도 있다. 업무의 난이도와 중요도가 높은 업무는 리더가 챙겨야 한다. 하지만 충분히 구성원에게 맡길 수 있는 업무는 구분해서 자율성을 주는 것이 내적 동기부여에 도움이 된다. 구성원에게 권한위임을 하면 자신의 책임이 있기 때문에 더욱 신중하고 책임감 있게 일을 하게 된다. 리더는 나중에 중요한 포인트만 체크하면 된다. 구성원들을 믿어라. 더 큰 성과로 돌아올 것이다.

⚐ 전문성을 인정한다

구성원들이 업무를 잘 수행했다면 칭찬하고 인정하는 것이 동기부여의 기본이다. 리더가 모든 업무의 전문가일 수는 없다. 구성원의 전문성을 인정하고, 아직 숙련되지 않았다면 이번 과정을 통해 전문가로 성장할 수 있다는 점을 인식시켜 주는 것이 필요하다.

대부분의 구성원은 성장에 대한 욕구를 가지고 있다. 구성원은 리더가 나의 전문성을 인정해 줄 때 본인의 업무에 몰입하게 된다. 그리고 인적자원관리에 대한 연구에서도 확인할 수 있듯이 구성원이 업무에 몰입하면 업무의 성과는 자연스럽게 올라간다.

경영지원팀장은 법대 출신이 아니다 보니 법률적인 전문지식이 부족하다. 그렇다고 법무팀을 새롭게 꾸리는 것은 현재의 기업 규모상 적절하지 않았다. 다행히 팀원 중 법대를 졸업하고 법무팀 경력이 2년 된 경력 직원이 있었다. 팀장은 법에 대한 지식이 많은 팀원에게 많은 것을 묻고 조언받으며 자신의 부족함 점을 채우려고 노력했다.

(인사팀 직원) 김 대리님, 안녕하세요. 오랜만이네요! 요즘 어떠세요? 입사한 지 6개월 정도 되었는데…. 지원팀 일은 어때요?

(김 대리) 네, 저희 팀장님은 저의 법률적 지식과 의견을 많이 들어 주시는 편입니다. 팀장님은 법률 지식은 충분하지 않지만 경험이 풍부하시고, 저의 전문성을 인정하셔서 많이 들어 주세요. 제 의견도 의사결정에 많이 반영해 주시고요. 그래서 적응하는 데 전혀 어려움이 없습니다!

⚑ 정확한 방향성을 제시한다

구성원들이 리더에게 가장 바라는 것은 우리가 어디로 가야 할지에 대해 정확히 알려달라는 것이다. 여기서 정확한 방향이라는 것은 조직의 목표를 달성하기 위해 리더가 가지고 있는 전략과 계획을 말한다.

성과를 내는 팀장의 완벽한 리더십

구성원은 리더가 제대로 방향을 제시하고 있는지에 대해 궁금해한다. 리더 스스로 많은 고민을 해야 하는 부분이기도 하다. 리더가 주변의 네트워크를 쌓거나 업무적인 전문성을 지속적으로 계발해나가는 것도 이러한 방향성을 정확하게 제시하기 위함이라고 할 수 있다.

리더의 정확한 방향 제시는 구성원들에게 매우 중대한 관심사이다. 방향을 정확히 제시한다면 구성원은 쉽게 동기부여된다. 본인의 업무와 행동이 팀의 목표와 일치한다는 생각이 들면 동기부여는 더욱 강해진다.

(방향성이 정확한 A팀장) 이번 사업계획서 준비의 핵심은 '내년에 우리가 강화해야 할 것과 혁신적으로 무엇을 할 것인가?'를 제시하는 1차 보고서야. 그리고 나서 경영진 컨펌 받고 구체적인 사업계획으로 가는 거야. 알겠지? 나잘해 대리는 먼저 우리 부서의 업무 중에서 성장하고 있는 아이템과 강화할 것이 무엇인지 데이터에 근거해서 나에게 이번 주까지 보고해 줘. 너잘해 대리는 다른 회사들이 어떤 쪽으로 아이템과 서비스를 확장하는지 조사해 리스트업을 좀 해줘. 빅데이터팀에 필요한 자료 요청하고. 어렵겠지만 한 번 해보자고. 많은 공부가 될 거야. 그리고 보고자료는 요약 장표 1장, 강화할 것 1장, 혁신할 것 1장, 데이터 정리한 것, 타사 조사한 것, 어펜딕스로 붙일 것은 4장 이내로 정리해 총 7장으로 준비합시다.

(방향성이 없는 B팀장) 이번 사업계획은 잘 정리해야 할 것 같아. 사업계획서는 나잘해 대리가 준비해 줘. 필요한 것은 팀원들에게 업무협조를

받고. 어느 정도 정리가 되면 나에게 우선 보고해 줘. 내가 검토해 줄 테니까 그때 수정하도록 하자. 너잘해 대리는 나잘해 대리가 선임이니까 업무 서포트 좀 해줘. 작년 사업계획서 참고하면 어느 정도 도움이 될 거야.

같은 사업계획서를 준비하면서도 업무지시의 방향은 완전히 다르다. B팀장의 지시를 받은 나잘해, 너잘해 대리는 어떤 것을 해야 할지, 경영진의 관심사는 무엇인지, 팀장이 나에게 어떤 것을 시켰는지 구체적으로 알 수 없다. 나잘해 너잘해, 대리는 B팀장이 아니라 A팀장과 같은 리더와 함께 일하고 싶을 것이다.

▮ 구체적인 보상을 안내한다

리더는 구성원들에게 목표 달성시 얻게 되는 것이 무엇인지에 대해 2가지 관점에서 안내해 주어야 한다. 구성원이 목표를 달성해 어떤 형태이든 조직에 공헌했을 때 얻게 되는 결과적인 것과 업무를 진행하는 과정에서 본인의 성장과 자기계발에 어떤 이로운 점이 있는지를 정확히 안내해 주면 구성원들은 동기부여가 된다.

첫째, 구성원이 목표를 달성했을 때 어떤 것을 얻게 되는지 회사의 제도에 근거해 구체적으로 안내해 주어야 한다. 리더 마음대로 '목표 달성하면 이거 해줄게'라고 말하면 안 된다. 조직에서 정한 기준을 정확히 알려줘야 한다. 이를 테면 KPI 성과지표처럼 회사에서 정해 놓은 성과관리 항목에 따라 예상되는 평가를 구성원에게 설명할 수 있어야 한다. 나아가 어떻게 보상받을 수 있는 것인지에 대해서도 구체적으로 설명해 줘야 한다.

둘째, 리더는 구성원과 함께 업무를 진행하면서 해당 업무의 지식이 넓어지고 전문가로 성장하는 모습을 그려 주어야 한다. 지금의 업무가 향후 본인의 성장에 얼마나 가치 있는 일인지에 대해 구체적으로 알려줘야 한다. 구성원은 본인의 업무가 조직에 공헌하는 것도 중요하지만, 본인이 성장할 수 있다는 것에 더 큰 동기부여를 얻는다.

(A팀장) 이번에 회사에서 새롭게 WMSWarehouse Management System(창고관리시스템)를 도입합니다. 김창고 과장이 책임지고 잘 준비해 주세요. 기존의 단순한 창고관리시스템이 아니라 AI와 딥러닝 기술이 접목되는 것이라서 업무를 진행하다 보면 김 과장이 배울 것이 아주 많을 거예요. 이런 시스템을 도입하는 회사는 우리가 최초여서 WMS가 완성되면 이쪽 분야에서는 김 과장이 전문가로 인정받을 수 있을 거예요. 보통 물류기획 쪽에서는 보이는 성과를 만들어 내기가 쉽지 않은데, 이번이 좋은 기회가 될 것 같아요. 공부해야 할 것이 많겠지만 충분히 가치 있는 일인 것은 확실하네요. 열심히 해서 성장한 모습을 지켜보고 싶네요.

LEADERSHIP

모티베이터 리더의 역량

구성원들은 리더의 영향력에 따라 리더를 닮아가거나 리더에게 맞추려 한다. 따라서 리더가 어떤 모습을 보여주느냐에 따라 구성원들의 행동도 달라진다. 모티베이터로서 리더의 역량이 중요한 이유이다. 그럼 여기서 모티베이터 리더에게 필요한 변화, 도전, 창의력, 미래통찰 역량에 대해 알아보자.

✗ 변화Change 역량

리더에게는 변화 역량이 필요하다. 외부의 변화에 대해 적극적으로 대응하고, 주도적으로 변화를 선도하는 역량이 필요하다. 이러한 리더의 모습에 구성원들도 변화에 대한 메시지를 읽고 동기부여를 할 수 있다. 조직에서 성장하는 리더들을 보면 조직 내의 새

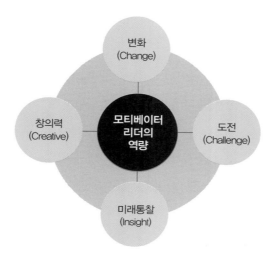

로운 환경과 프로세스 같은 변화에 능숙한 사람들이 많다. 리더는
새롭게 부여받은 미션을 통해 구성원들에게 변화를 요구해야 한
다. 에디슨은 '똑같이 행동하면서 다른 결과를 기대하는 것은 어리
석은 일'이라고 했다. 변화는 숙명인 것이다.

⚡ 도전Challenge 역량

조직은 항상 내년도에는 어느 정도 성장하겠다는 목표를 가지고
있다. 따라서 리더는 구성원들에게 무조건 목표를 달성할 수 있다는
도전 의식을 심어 주어야 한다. 리더가 지금의 현실에 안주하려는
모습을 보이면 구성원들은 리더에게 실망하게 된다.

☀ 창의력Creative 역량

리더의 창의력은 문제해결에 대한 호기심과 꾸준한 학습에서 만들어진다. 창의력은 하루아침에 금방 만들어지는 것이 아니다. 리더가 가진 경험을 통해 항상 새로운 상상을 해야 한다. 그리고 리더는 구성원들이 새로운 생각과 관점을 가질 수 있도록 분위기를 형성해 주고, 창의적인 행동을 했을 때는 응원하고 지지해 주어야 한다.

☀ 미래통찰Insight 역량

리더는 현재에 있지만 미래를 사는 사람이다. 미래가 어떻게 바뀔 것인지에 대해 리더는 통찰력이 필요하다. 앞서 말한 변화, 도전, 창의력이 모두 미래통찰이라는 점에서 맥락을 함께한다. 그렇다고 리더에게 미래를 예측하는 점쟁이가 되라는 것은 아니다. 리더는 조직의 미션과 비전을 달성하기 위해 지금 어떤 것들이 변화되고 있는지를 감지하고 여기에 맞추어 본인과 구성원이 변화할 수 있는 역량을 가지라는 것이다.

국내 굴지의 화장품회사 방문판매사업팀에 팀장이 새로 부임했다. 팀장은 3년 동안 꼴찌만 하던 수도권 북부팀을 맡게 되었는데, 직원들의 사기는 완전 바닥이었다. 직원들은 매출목표도 너무 높고, 외부 경제상황도 나쁜 상황에서 어떤 팀장이 와도 안 된다는 생각이었다. 하지만 새롭게 부임한 팀장의 생각은 달랐다. 다음은 팀장의 첫 인사말이다.

"기존의 방법으로는 좋은 성과를 기대할 수 없습니다. 과거에 했던 방법을 모두 바꾸겠습니다! (변화)

팀원 여러분은 힘을 모아 주세요. 책임은 제가 집니다. 영업현장의 모든 직원들께도 전해 주세요. 함께 해봅시다. 우리가 가진 강점을 통해 빠르게 성과를 높일 수 있는 품목에 집중하겠습니다. (도전)

이제부터 어떤 방법이든지 매출을 높일 수 있는 좋은 방법이 있다면 자유롭게 의견을 내어 주세요. 당장 지금부터 우리가 얘기 나누었던 것들을 실행합시다. (창의력)

지금 시대가 오프라인의 방법만으로는 공격적으로 판매를 할 수 없습니다. 판매사원들이 온라인을 통한 개인의 브랜딩으로 빠르게 전환할 수 있도록 교육과 훈련을 진행하겠습니다. (미래통찰)"

이 사례는 실제 있었던 것으로, 새로 온 영업팀장은 수도권 북부 팀을 최고의 팀으로 바꾸어 놓았고, 수년간 최고의 성과를 만들어 냈다. 팀장은 모티베이터로서 성공적으로 팀원들을 이끌었고 탁월한 성과를 내었다. 이후 타사 방문판매사업팀의 상무직급 본부장으로 스카웃되었다.

성장마인드셋을 통한
동기부여

리더는 어떤 마음을 가지고 있어야 할까? 스탠포드대학교의 캐롤 드웩 교수는 고도의 불확실한 시대에 개인이나 기업이 지속적으로 발전하기 위해서는 고정마인드셋이 아닌 성장마인드셋이 필요하다고 강조했다.

▲ 성장마인드셋 vs 고정마인드셋

마인드셋Mindset은 우리의 마음이 세팅되어 있는 상태, 즉 삶을 바라보는 관점을 말한다. 고정마인드셋fixed mindest은 주어진 환경에 안주하여 변화보다는 현상을 유지하려는 생각이며, 성장마인드셋growth mindset은 사람의 능력은 얼마든지 바뀌어 성장발전할 수 있다는 생각이다.

성과를 내는 팀장의 완벽한 리더십

따라서 성장마인드셋을 가진 리더가 관리하는 팀은 분위기가 밝고 역동적이며, 목표 달성을 통해 성취감을 느낄 수 있다.

리더에게 성장마인드셋이 필요한 이유는 조직은 성장을 해야 하기 때문이다. 내려오는 에스컬레이터에 올라타 가만히 있으면 아래로 밀려 내려갈 수밖에 없다. 회사는 내려오는 속도보다 더 빠르게 올라가야 하는 곳이다. 성장마인드셋이 있는 리더는 에스컬레이터에서 밀려 내려오지 않는다. 하지만 성장마인드셋이 없는 리더는 조용하게 순식간에 아래로 밀려 내려온다.

현재의 상황보다 더 성장하고 발전할 수 있다고 믿는 성장마인드셋이 있는 리더와 우리의 재능과 능력은 현재 상태로 충분하다거나 더 이상의 발전은 어렵다고 생각하는 고정마인드셋이 있는 리더를 비교해 보자. 팀원은 어떤 팀에 가고 싶겠는가?

성장마인드셋	상황	고정마인드셋
새로운 것을 배우는데 최선을 다하는 것	성공	자신이 똑똑하다고 증명하는 것
배움, 경험, 교훈을 얻는 것	실패	패배, 후퇴
탁월함으로 가는 방법	노력	자신의 무능을 드러내는 것
적극 환영한다	도전	피한다
피드백으로부터 사람은 배운다	비난	유용하지만 피드백을 무시한다
교훈과 영감을 얻는다	타인의 성공	위협감을 느낀다

(출처: 《마인드셋》, 캐롤 드웩)

성장마인드셋을 가진 리더의 주변에는 본인의 성장을 돕는 사람들이 많다. 마치 자석과 같아서 성장마인드셋이 있는 사람들이 주변에 모여들기 마련이다. 반대로 고정마인드셋을 가진 리더는 자신을 잘 따르고 말을 잘 듣는 사람을 가까이 하게 된다. 결국 사람과의 네트워크를 바라보는 관점이 다른 것이다.

나에게 이상적인 파트너란?

성장마인드셋	고정마인드셋
1) 더 나은 사람이 되도록 해주는 사람	1) 나를 받쳐주는 사람
2) 새로운 것을 배우도록 독려해 주는 사람	2) 내가 완벽하다고 느끼게 해 주는 사람
3) 내 잘못을 개선할 수 있도록 도와주는 사람	3) 나를 존경해 주는 사람
4) 나의 성장 가능성을 믿어주는 사람	4) 나의 고정된 자질을 소중히 아끼는 사람

✗ 성장마인드셋의 힘

2014년 마이크로소프트의 CEO로 새로 취임한 사티아 나델라는 '기업의 성공은 조직 개개인이 얼마나 성장마인드셋을 가지고 있느냐에 달려있다'며 성장마인드셋을 강조했다.

기존의 마이크로소프트는 고정마인드셋을 자극하는 조직관리방법을 사용했었다. 수직적인 권위주의가 만연했으며 본부별로 치열한 경쟁과 압박을 통해 서로 내부 총질을 하기도 했다. 평가에 있어서도 스택랭킹stack-ranking 제도를 통해 경쟁에서 실패한 직원들은 도태되게 만들었다. 이렇다 보니 직원들의 동요도 심할 수밖에 없었다. 최고의 인재로 구성된 MS 직원들의 고정마인드셋의 함정은 다음과 같다.

'나는 최고의 대학을 나온 리더인데, 내가 뭐 더 이상 할 것이 있겠어?'

'나는 더 이상 배울 것이 없어! 이 정도면 된 거지…'

'나에게 피드백 같은 건 필요하지 않아, 기분만 나쁘지…'

'나의 생각이 대부분은 옳다니까…'

이러한 직원들의 오만함과 협력하지 않는 조직문화는 결국 조직을 병들게 만들고 성과가 떨어지는 결과를 초래했다.

새롭게 취임한 사티아 나델라는 새로운 조직관리방법을 채택했다. 내부적으로 경쟁하는 것을 멈추고 서로 협력하여 성장하는 조직을 만들고자 했다. 'ONE MS'를 목표로, 부서간 협력을 촉진하고 '다알아(know it all)'에서 '모든 것을 배우라(Learn it all)'는 조직문화를 만들어 갔다. 그 결과 사티아 나델라가 취임한 이후 MS의 주가는 우상향을 그리며 애플에 이어 2위의 시가총액을 기록했다.

현재 MS의 첫 번째 직원평가 기준은 성장마인드셋이다. '내가 다른 사람의 성공에 얼마나 기여했는가?' '다른 사람의 일을 통해 나는 어떻게 나의 일을 개선했는가?'가 인사평가에 가장 큰 영향을 준다. 성장마인드셋을 가지고 협력하면서 도움을 주는 인재가 가장 MS다운 인재라고 정의한 것이다. 사람들은 스스로가 성장하고 있다고 느낄 때 내적 동기부여가 적극적으로 활성화된다. 그리고 이러한 동기부여는 사람들과 좋은 관계를 형성하고 팀워크를 향상시켜 결과적으로 좋은 실적으로 결과가 나타나게 된다.

⚡ 성장마인드셋에 이르는 솔루션

성장마인드셋에 이르기 위해서는 다음의 단계를 밟아야 한다.

1단계) 인정

나의 고정마인드셋을 일단 받아들이는 것이다. 우리는 성장마인드셋과 고정마인드셋을 함께 가지고 있다. 사람에 따라 그것이 발현되는 양이 다를 뿐이다. 따라서 내 안에 2개의 마인드셋이 있다는 것을 인정한다.

2단계) 파악

무엇이 나의 고정마인드셋을 자극하는지 알아내야 한다. 어떤 일에 실패했을 때, 누군가 나를 비난했을 때, 나의 타고난 성격과 신념·가치관 등으로 인해 고정마인드셋이 발현되는 상황을 확인해야 한다. 그리고 특정 상황에서 고정마인드셋이 생겼을 때 그것이 무엇인지 명확히 알아야 한다. 나를 부정하는 고정마인드셋의 실체를 알았을 때 마인드 전환을 시도할 수 있다.

3단계) 명명(命名)

고정마인드셋이 발현되었을 때 이름을 붙여준다. 이름을 부르며

성과를 내는 팀장의 완벽한 리더십

타인처럼 구는 것이다. 내가 싫어하는 사람이 있다면 그 사람의 이름을 붙여주는 것도 괜찮다.

4단계) 교육과 동행

고정마인드셋에게 교육을 시키는 것이다. 나에게 부정적인 영향을 미치는 고정마인드셋과 손을 내밀어 함께 가는 것이다. 나의 삶의 여정에 언제든 나타날 수 있기 때문에 비난하거나 욕하지 말고 삶의 여정 속에서 성장마인드셋으로 변화해 가기 위해 컨트롤해야 한다. 고정마인드셋이 올라오면 화해하며 억누르고 다시 성장마인드셋을 끌어 올리려고 노력하는 것이다. 결국 내 삶의 대부분의 시간에서 성장마인드셋과 함께 살아가는 것이 성과를 내고 동기부여하는 것에 기여할 것이다.

LEADERSHIP

동기부여를 돕는
그릿(GRIT)

리더 스스로의 동기부여나 구성원에 대한 동기부여에 효과적인 그릿 GRIT은 펜실베니아대학교의 앤젤라 더크위스 교수가 제안한 내용으로, 성공적인 인재가 되기 위해서는 '끈기 있는 열정'이 중요하다는 것이다. 우리에게 필요한 것은 타고난 재능보다 실패한 이후에도 계속해서 도전할 수 있는 '끈기', 즉 한 가지 일에 몇 년간 지속해서 집중할 수 있는 '열정'이다. 이처럼 GRIT이 있다는 것은 포기하지 않고 끈기 있게 동기부여하는 것이다. 따라서 리더로서 구성원들에게 동기부여를 하는 가장 좋은 방법은 GRIT을 키워주는 것이다.

철학자 윌리엄 제임스는 '세상 사람들은 능력을 넘치게 가지고 있지만 매우 특출한 사람만이 그 능력을 전부 활용한다는 사실에는 변함이 없다'라고 말한다. 따라서 GRIT을 키워주는 것이 동기부여에 중요한 포인트가 될 수 있다.

성과를 내는 팀장의 완벽한 리더십

Growth
(성장)
성장마인드셋을 통한
동기부여

Resilience
(회복탄력성)
역경이 다가와도
다시 딛고 일어서는
회복탄력성

성공적인
그릿(GRIT)의
4가지 솔루션

Intrinsic Motivation
(내재적 동기부여)
내적 동기부여를 통해
스스로 몰입하는 힘

Tenacity
(끈기)
어떤 어려움이 와도
포기하지 않는 끈기

하버드대학교에서 130명의 학생들을 대상으로 러닝머신에서 최대속도로 5분 동안 달리게 하는 실험을 했다. 그리고 40년이 지난 후 60살이된 참가자를 대상으로 직업, 연봉, 만족도를 비교 분석한 결과 러닝머신에서 포기하지 않고 끝까지 달렸던 GRIT 점수가 높은 학생들이 더 성공했다는 것을 알 수 있었다.

미국 육군사관학교에 입학하면 'The Beast'라고 불리우는 매우 강도가높고 어려운 훈련을 받는다. 다섯 명 중 한 명은 집으로 돌아갈 만큼 육체적·정신적으로 고된 훈련이다. 그런데 이 훈련을 견뎌내는 생도들은재능이 있거나 SAT 입학시험 점수가 높은 학생이 아니었다. GRIT 점수가 높은 생도들이 끝까지 버텼다.

⚡ 리더에게도 구성원에게도 재능보다 끈기

앤젤라 더크워스 교수는 '재능에 의지하거나 재능에 대한 신화를 버려야 한다'고 강조한다. 재능이 아니라 끝까지 포기하지 않는 끈기와 노력이 필요하다는 것이다. GRIT을 리더에게 소개하는 이유도 여기에 있다. 리더는 본인의 의지에 따라 충분히 본인의 역량을 개발하고 능력을 높일 수 있기 때문이다.

올림픽 종목 중 양궁은 전 세계 어느 나라도 대한민국을 넘을 수 없다. 우리나라의 양궁이 이처럼 대단한 이유는 다른 어느 나라와도 비교할 수 없을 정도의 '미친 훈련량' 때문이다. 대한민국 양국 국가대표였던 서거원 감독은 "우리나라의 양궁은 다른 나라와는 비교할 수 없는 훈련방법과 훈련량을 통해 선수들을 육성한다"고 말한다. 그중 하나가 호랑이 사육장에서 호랑이와 눈싸움을 벌이며 어떤 상황에서도 절대로 물러서지 않는 눈빛을 만들어 냈다고 한다. 또 가장 높은 번지점프대를 찾아가 뛰어내리는 훈련을 했다고 한다. 서 감독이 스스로 시범을 보이며 어떠한 상황에서도 뒤로 물러섬이 없도록 훈련을 했다. 그러면서 서 감독은 "원래부터 양궁을 잘하는 나라는 없다. 한국 양궁은 원래 잘하는 것이 아니라, 잘할 수 있도록 포기하지 않고 끊임없는 훈련을 통해 만들어진 것"이라고 강조했다.

성과를 내는 팀장의 완벽한 리더십

⚥ GRIT이 높은 사람들의 4가지 자산

GRIT이 높은 사람들은 4가지 자산을 가졌다. 당신은 어떤 자산을 얼마나 가졌는지 판단해 보기 바란다.

1) 관심

자기 일에 푹 빠져있고, 계속해서 일에 대한 매력을 느끼고, 아이 같은 호기심을 가진 사람이다. 이들은 관심사가 분명하고, 관심이 있는 것을 끝까지 파헤치려고 노력한다.

2) 연습

어제보다 잘하려고 매일같이 단련하는 끈기, 온 마음을 다해 집중하고 난관을 극복하며 기술을 연습하고 숙달시키는 것, 현재에 안주하기를 거부하는 것, 하루에 몇 시간, 몇 주, 몇 개월, 몇 년 동안 자신의 약점을 바꾸기 위해 집중적으로 반복 연습하는 것이다.

3) 목적

자신의 일이 중요하다는 확신을 가지는 것, 목적이 없는 것은 평생 유지할 수 없다는 생각, 개인적으로 흥미로운 것이면서 동시에 타인에게도 그러한 것을 찾으려는 행동을 뜻한다. 높은 목적의식을 가지도록 하자. 생업이 아닌 천직이라는 생각을 가져야 한다.

4) 희망

위기에 대처하게 해주는 끈기, 모든 단계에서 나타나는 것이 희망이라고 믿는 것, 상황이 어려울 때나 의심이 들 때도 계속 앞으로 나아가는 것이다.

긍정심리자본

동기부여에서 중요한 것 중 하나가 긍정심리자본이다. 눈에 보이지 않지만 긍정적인 심리상태는 사람들에게 자본의 역할을 한다는 것이다. 긍정심리자본은 네브래스카 경영대학의 석좌교수인 루당스가 처음 제안한 개념으로, 개인이 스스로의 발전을 추구하는 긍정적인 심리상태를 말한다.

긍정심리자본은 '자기효능감' '회복탄력성' '희망' '긍정마인드'의 4가지로 구성되어 있으며, 이는 리더와 구성원의 성과를 높이기 위해 꼭 필요한 것이다.

⚡ 자기효능감

자기효능감은 리더의 스트레스 관리나 리더 스스로의 멘탈 관리

를 위해 필요한 긍정심리자본의 첫 번째 요소이다. 앨버트 반두라는 자기효능감Self-efficacy에 대해 '주어진 환경에서 일을 성공적으로 실행하기 위해 필요한 행동과 본인 능력에 대한 확신 또는 자신감'이라고 정의한다. 결국 자기효능감이란 리더 스스로 어떤 일을 성공적으로 수행해 낼 수 있다는 기대와 신념을 말한다.

실제로 우리 주변에 능력 있고 인정받는 리더의 공통된 특징이 무엇인지 살펴보면 자기효능감이 높은 사람이라는 것을 금방 알아차릴 수 있다. 이들은 어떤 프로젝트나 과제가 있더라도 자신감이 있어 보인다. 그리고 스스로 문제를 해결할 수 있다고 말한다. 본인이 책임지고 해결할 수 있다고 말하는 리더는 정말 문제를 해결하고 성공적으로 임무를 수행할 것처럼 보인다. 설사 그것이 근거 없는 자신감이라고 할지라도 자기효능감이 높은 리더는 경영진이 볼때 일을 맡기고 싶다는 생각이 든다. 또 자기효능감이 높은 리더는

성과를 내는 팀장의 완벽한 리더십

구성원이 보아도 믿고 따라가고 싶은 생각이 든다. 리더가 어떻게 든 해결하겠다고 하는데 구성원은 얼마나 든든하겠는가? 당연히 리더를 믿고 따라가려는 마음이 생긴다.

그리고 자기효능감이 높은 리더는 스트레스를 덜 받는다. 리더의 상사들도, 주변의 동료나 구성원들도 리더에 대한 믿음을 가지고 있기 때문이다. 이는 실제 영업팀을 오랫동안 담당했던 리더의 인터뷰를 통해서도 알 수 있다.

제가 이번 일을 할 수 있다는, 이번 목표를 달성할 수 있다는 뚜렷한 신념이 있으면 자신감은 높아지고 스트레스는 낮아집니다. 반대로 신념과 자신감이 부족할 때는 위에서의 지적사항이나 말씀 한마디 한마디가 무척이나 괴롭고, 어떻게든 방법만 있다면 이러한 상황에서 도망가고 싶다는 생각이 들죠!

리더의 자기효능감을 높이는 방법으로는 지금까지 조직생활에서 경험했던 성공의 경험을 상기하면서 스스로의 자존감을 높이는 것이 효과적이다. 리더의 자리까지 올라가면서 성공의 경험은 반드시 있을 것이다. 리더는 그냥 주어진 것이 아니라 리더의 자격이 있기 때문에 리더가 된 것이다. 따라서 성공의 경험을 기억해 보기 바란다. 그리고 할 수 있다는 성공의 모습을 그려보기를 추천한다. 성공한 모습을 그려본다면 좀 더 자신감을 얻게 되고, 스트레스를 잊을 수 있는 상태에 이르게 된다. 마지막으로 스스로 또는 주변에서 본인에게 칭찬해 줄 수 있는 환경을 만들어 보자. 가족에게 칭찬을 받거나, 친구나 동료에게, 아니면 스스로에게 칭찬을 받는다면 자기효능감을 높이는데 분명히 도움이 된다.

♨ 회복탄력성

리더는 아프다. 몸도 마음도 아프다. 때로는 속상하기도 하고 몸도 피곤하다. 게다가 조직은 리더에게 지속적인 성과를 요구한다. 리더를 대상으로 하는 교육을 진행하며 그들에게 애로사항을 물어보면 '회사에서 계속해서 성과를 요구하다 보니 너무 피곤하다'는 응답이 가장 많다. '몸도 상하고 속도 많이 상하고 이러다가 쓰러질 것 같다' '리더를 굳이 해야 하는 건지, 안 할 수 있으면 안 하면 안 되는 건지'라고 하소연을 하는 경우가 많다.

이때는 마음의 근육을 키우는 것이 좋다. 건강한 몸을 위해 건강한 루틴을 만들어 가듯 리더에게는 스트레스를 극복해 낼 수 있는 마음의 '회복탄력성'이 필요하다. 마음에도 근육이 있다면 스트레스에서도 빠르게 다시 회복할 수 있는 힘이 생긴다.

회복탄력성이 주는 5가지 장점

1) 불편한 회의 이후의 우울한 감정을 빠르게 회복
2) 새로운 과업에 대한 도전의 부담감 낮춤
3) 예상치 못한 위기상황에서의 대응능력
4) 실패와 성공의 과정에서 스스로의 자기발전
5) 꾸준하고 지속적인 성과창출을 가능하게 도움

성과를 내는 팀장의 완벽한 리더십

리더에게 회복탄력성은 우울함과 불안함, 스트레스에서 쉽게 무너지지 않도록 하는 마음의 근육, 마음의 백신과 같은 마음가짐이다. 리더가 회복탄력성을 높이는 방법으로는 본인의 강점을 발견하고, 본인의 강점을 스스로 인정하고 사랑하는 것이다. 아울러 본인의 실패 사례를 오히려 인생의 여정 속에서 배움의 과정이라고 생각하고 감사한 마음을 기록하는 습관을 가지면 도움이 된다. 또 규칙적인 독서나 운동 등으로 스스로의 몸과 마음을 성장시켜 나가는 것도 리더의 성장마인드셋을 높이는데 좋은 방법이 된다. 회복력이 강한 리더는 처음부터 태어나는 것이 아니다. 리더로서의 경험이 당신을 더 강한 사람, 더 좋은 사람으로 만들어 준다

ⵊ 희망

루당스와 유세프는 희망을 '구체적인 상황에서 주어진 과업을 달성하려는 동기부여상태, 즉 긍정적인 동기부여상태'라고 정의했다. 일상에서의 희망은 단순히 원하는 바를 이룬다는 의미로 사용되지만, 긍정심리자본에서의 희망은 현실적인 계획을 세우고 중요한 목표를 이루기 위해 지속적으로 노력하여 대안을 찾으려는 마음이다. 또한 칸트릴은 희망을 '목표를 달성하려는 의지agency와 목표를 향한 구체화된 실행pathway의 2가지가 상호보완적으로 작용하며 긍정적으로 동기부여된 감정을 유지하는 것'이라고 정의했다.

리더는 현재의 상황이 좋아질 것이고, 미래의 상황이 더 잘될 것이라는 희망을 가지고 있어야 한다. 희망이 있다면 스트레스를 낮추는데 크게 도움을 받을 수 있다. 리더는 특히 당장의 먹구름을 보는 것이 아니라, 먹구름 뒤의 태양을 바라보며 스스로 스트레스 관리를 할 수 있어야 한다. 높은 산을 넘어가야 하는데 높은 산만 쳐다볼 것이 아니라 높은 산을 넘으면 새로운 신세계가 있다는 희망을 본인과 구성원들에게 제시할 수 있어야 한다.

일년 내내 꼴찌만 하던 프랜차이즈 가맹점 영업관리팀을 상무는 계속 두고만 볼 수 없었다. 결국 팀장을 교체했고, 새로 부임한 팀장의 다짐을 듣고, 상무는 매우 흡족해했다.

(팀장) 상무님, 지금 꼴찌하던 팀에게 내일 당장 일등을 하라고는 기대하지 말아 주십시오. 대신 기다려 주십시오. 제가 부임하자마자 가맹점을 관리하는 영업사원들에게 한 가지만 중점적으로 강조하겠습니다. '여러분, 우리는 앞으로 좋아질 일만 남았다. 앞으로 성장할 일만 남았다. 그리고 당분간 영업사원을 실적으로 평가하지 않겠다. 다만 가맹점의 영업 체력을 높이기 위한 행동에 대해 우리가 계획을 가지고 실행하도록 하자. 우리는 더 좋아질 상황을 기대하고 그것을 위해 오늘부터 나와 함께 성실하게 실행하자. 가맹점 사장님들에게도 앞으로 이렇게 하면 좋아질 것이라는 희망의 메시지를 전달하자'는 것입니다. 그리고 하루하루의 일정들에 대해 구체적으로 관리를 하겠습니다. 이렇게 하면 반드시 3개월 이후부터는 상황이 좋아질 것입니다.

이러한 계획은 팀장의 생각대로 실제로 맞아 돌아갔다. 영업사원들은 당장의 실적이 아닌, 영업 체력을 올리는 과정에서 해야 할 일정을 수행하며 희망이라는 믿음을 얻었다. 그 결과 3개월 만에 영업조직 단위에서 1등을 만들어 냈다.

희망이 있는 사람들은 목표에 대한 신념이 강하다. 긍정적인 동기부여에 에너지를 집중시키며 목표 달성을 위해 계획을 실행한다. 목표를 달성하기 위해 환경 변화를 잘 수용하여 어떻게 하더라도 성과를 달성할 수 있다는 믿음을 가져보자.

긍정마인드(낙관주의)

긍정성이 높은 사람은 그렇지 않은 사람보다 자신의 직무에서 즐거움과 보람을 찾고 높은 성과를 달성한다. 긍정성도 희망과 같이 자질적인 면을 가지고 있지만 긍정성의 반대개념인 무기력함이 학습되는 것처럼 긍정성 역시 집중된 개입을 통해 학습되거나 발전된다.

긍정마인드는 미래에 원하는 일이 일어날 것이라는 긍정적인 프레임의 생각을 갖는 것이다. 물론 리더는 신경쓰고 고민해야 할 것이 많겠지만 이는 걱정 많고 불안해하는 것과는 다르다.

데일 카네기는 《자기관리론》에서 '걱정거리의 95%는 실제로 일어나지 않는다'고 했다. 즉, 리더들이 걱정하고 불안해하는 것은 스트레스 관리에 전혀 도움이 안 된다는 말이다. 지금의 과정을 거쳐야 미래에 긍정적인 일들이 만들어진다는 생각을 가져야 한다. 모든 것은 마음먹기에 달려있다. 잘될 것이라는 믿음을 가지고 도전하고 부딪혀 본다면 스트레스 관리에 훨씬 도움이 될 것이다.

LEADERSHIP INSIGHT

Part 7

리더의
성과관리

뛰어난 성과는 언제나 높은 기대라는 프레임워크 하에 달성됩니다.
- 찰리스 케터링(미국 발명가, 엔지니어)

성과관리

    조직은 항상 리더에게 성과를 만들어 내라고 요구한다. 리더의 역할 역시 목표 달성을 통해 성과를 내는 것이다. 물론 성과를 내는 것이 리더에게만 국한된 문제는 아니겠지만, 리더는 특히 더 성과관리에 신경써야 한다. 프로젝트는 잘 진행되고 있는지, 마케팅은 잘 진행되고 있는지, 우리의 시장점유율은 잘 유지되고 있는지, 영업부서는 현장에서 경쟁사에 밀리지 않고 목표를 달성하고 있는지, 물류팀은 전년 대비 얼마만큼 효율적으로 물류를 관리하고 있는지, 생산팀은 불량품 없이 좋은 제품을 잘 만들고 있는지, 회계팀은 자금의 사용이나 집행에 있어 회계처리를 잘하고 있는지 등 어떤 기능부서의 리더에게도 변함없이 요구되는 것이 '성과관리'이다.

⚡ 성과관리의 프로세스

성과관리는 리더가 최고의 성과를 내고 목표를 달성할 수 있도록 조직을 체계적으로 관리하는 것을 말한다. 즉, 리더가 팀이나 조직단위에서 성과를 낼 수 있도록 업무를 지시하고 코칭과 피드백을 통해 조직 전체의 성과의 합이 성공적인 결과로 나타나도록 관리하는 것이다.

성과관리는 기본적으로 PDC Plan-Do-Check 라는 프로세스로 이루어진다. P Plan는 구체적이고 명확한 계획을 세우는 것을 말한다. D Do는 계획대로 철저하게 실행하는 것으로, 계획에 근거해 관련 부서들이 약속된 업무를 실행해야 한다. C Check는 실행한 결과를 점검하는 것으로, 점검을 통해 계획을 수정하고 수정한 내용을 다시 실행하면서 성과관리를 하는 것이다. 리더는 PDC 프로세스를 통해 계획하고 실행하며 결과에 대해 점검하며 성장하게 된다.

1) Plan

조직은 조직이 처한 상황이나 핵심가치에 따라 우선적으로 해야 할 핵심과제를 선정한다. 그리고 핵심과제를 도출하기 위해 여러 부서들이 모여 다양한 과제들을 꺼내 놓고 검토한다. 또는 경영진으로부터 핵심과제가 선정되어 내려오는 경우도 있다. 아래에서 올라가는 바텀업Bottom-up 방식이든, 위에서 내려오는 탑다운Top-down 방식이든 조직에게 가장 필요한 핵심과제가 먼저 선정되어야한다.

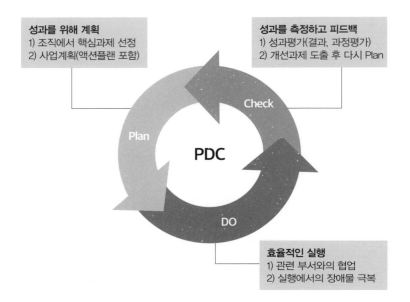

성과를 위해 계획
1) 조직에서 핵심과제 선정
2) 사업계획(액션플랜 포함)

성과를 측정하고 피드백
1) 성과평가(결과, 과정평가)
2) 개선과제 도출 후 다시 Plan

Check

Plan

PDC

DO

효율적인 실행
1) 관련 부서와의 협업
2) 실행에서의 장애물 극복

핵심과제가 선정된 후에는 각각의 핵심과제에 따라 전체적인 사업계획과 액션플랜이 수립된다. 여기에는 핵심과제를 해결하기 위한 사업전략이 포함된다. 그리고 부서별로 해야 할 업무에 대한 주요 내용과 역할들이 정리된다.

2) DO

실행 단계에서는 주관부서를 중심으로 관련 부서들이 협업을 통해 업무가 진행된다. 내부 관련 부서 외에 외부기관과 협력을 해야 하는 상황이 발생하기도 한다. 실행 단계에서는 사업계획에 의거한 내용을 기반으로 힘있게 추진해야 하는데 예상하거나 예상하지 못했던 다양한 장애물들이 생길 수 있다. 인식의 차이로

성과를 내는 팀장의 완벽한 리더십

나타나는 문제나 변화에 대한 익숙하지 못한 상황에서 문제가 발생기도 한다. 이러한 경우 커뮤니케이션을 통해 문제를 해결해 나가야 한다.

3) Check

성과를 측정하고 평가하는 단계이다. 여기서는 결과에 대한 정량적인 평가와 더불어 과정 중에 만들어진 정성적 지표까지 평가해야 한다. 이를 통해 이번 사업계획에 대한 목표 달성 정도를 조직 전체가 확인할 수 있게 된다. 아울러 성과평가를 통해 추가로 해결해야 하는 개선과제를 도출하게 된다. 그리고 다시 계획Plan 단계로 접어들게 되어 P-D-C가 반복적으로 순환되어진다.

⚔ 성과관리의 방법

그럼 실무에서는 PDC를 통해 어떻게 성과관리를 할까? 2가지 방법이 있는데, 이 2가지만 제대로 관리하면 놀랍게도 업무가 제대로 돌아가고 성과관리가 가능해진다.

1) To-do list 점검

첫째는 To-do list를 통해 주기적으로 구성원이 어떤 일을 할 것인지 확인하고 응원해 주는 것이다. To-do list는 리더가 정확하게 업무 방향을 정해 주고, 구성원이 본인의 일에 몰입하게 해주는 아주 좋은 성과관리 방법이다.

의외로 많은 리더들이 구성원들에게 어떤 일을 해야 하는지 제대로 알려 주지 않는다. 좋은 리더가 되고 성과관리를 잘하는 리더가 되기 위해서는 구성원이 어떤 일을 해야 하는지 주기적으로 To-do list를 점검해 보자. 놀라운 성과를 만날 수 있을 것이다. 다음의 사례는 필자가 신규사업팀장으로 근무하면서 했던 회의의 일부이다.

"모두 주말 잘 보냈나요? OK. 이번 주도 파이팅합시다! 우리가 이번 주에 공통적으로 챙겨야 할 사항이 뭐가 있죠? PT 장표 좀 같이 봅시다! 가장 중요하게 챙겨야 하는 것이 ○○ 신규 사업계획에 대한 1차 보고서 제출이죠. 그다음은 뭐죠? ○○기업 MOU 의견서 보내는 것도 챙겨야 하죠. 좋아요. 다음은요? B사 신규사업 벤치마킹하러 가기로 했었죠? 그리고 마케팅팀과 신제품 개발회의가 있네요. OK!

그럼 이중에서 우리가 이번 주에 가장 중점적으로 해야 할 것은 신규 사업계획 1차 보고서를 제출하고, 경영진의 동의를 구하는 것일 테니 여기에 집중합시다. 지금까지 충분히 준비해 왔으니 더 추가할 내용은 많이 없는 것 같네요. 다만 혹시 모르니 경영진의 예상 질문을 미리 고민해 봅시다. ○○기업 MOU 건은 이번 주 금요일까지 의견서 보내야 하니 그동안 유선이나 메일 주고받은 사항을 한 번 더 점검하여 의견서 마무리합시다. 이건 김 파트장이 책임지고 진행해 주세요."

2) 스케줄 관리

둘째는 구성원들의 스케줄에 대해 코칭과 피드백을 하는 것이

성과를 내는 팀장의 완벽한 리더십

다. 리더는 항상 구성원들이 해야 할 일을 질문하고 점검해야 한다. 그리고 그것을 언제까지 할지 서로 약속하고 중간중간 확인해야 한다.

"임원진 회의가 금요일 10시니까 황 파트장은 목요일 오전 10시까지 1차 사업계획서를 인트라넷 회의자료실에 등록해 경영진 분들이 미리 확인할 수 있도록 준비해 주세요. 그리고 수요일 오전 중에 나와 함께 한번 더 점검하도록 합시다. 회의실 예약 부탁해요. 거기서 마지막 정리하도록 합시다.

○○기업 MOU 건은 금주까지만 보내면 되니 김 파트장은 목요일까지 상대방 의견 잘 취합해서 정리해 주세요. 금요일에 발송하도록 합시다. 특별히 어려운 의견은 없으니, 진행하면서 변동사항이 생기면 수요일까지 꼭 미리 보고해 주세요.

박 파트장은 B사 벤치마킹하러 가는 것, 목요일 오후 시간으로 해서 좀 여유 있게 다녀오도록 하세요. 마케팅팀 신제품 개발회의는 화요일 오전 11시에 하자고 연락 좀 해주시고. 그리고 그때 점심 함께하면서 시간도 아끼고 신제품 개발 내용도 좀 더 이야기합시다."

코오디너 전 GM 회장은 '리더는 본인이 직접 성과를 내는 것이 아니라 구성원이 성과를 낼 수 있도록 관리하는 사람이며, 리더는 본인이 과거에 실무자로 일했을 때와는 다르게, 일하는 방식을 변화시켜야 한다'고 했다. 또 '훌륭한 리더는 최소한 3년 이내에 자기보다 성과를 높일 수 있는 사람을 3명 이상 육성해야 할 책임이 있고, 리더의 업적은 구성원들의 능력을 통해 달성된다'고 말했다.

✗ 성과관리의 본질

성과관리를 결과로만 평가하는 것으로 오해하지 말자. 성과관리는 '계획하고 기획하는 과정에서의 실적과 결과 모두'를 의미한다. 보통 조직에서는 결과로 나타난 것에 대해서만 의미를 두는 경우가 많은데, '결과'를 내기 위해 '과정'에서 만들어진 긍정적인 모습이나 개선된 과정도 성과로 볼 수 있다.

성과관리를 체계적으로 관리하는 조직은 단기적인 결과에만 집착하지 않는다. '결과'와 더불어 '과정'에 대해서도 함께 가치를 두고 바라본다. 이 점은 경영진, 특히 최고 레벨의 경영자의 관점에 따라 결정되는데, 경영자나 리더가 성과관리에 대한 본질을 결과를 포함한 과정에서의 실적까지 함께 바라보는 시각이 필요하다.

성과관리를 결과로만 바라보는 리더는 구성원에 대해 제대로 된 코칭과 위임을 하지 못한다. 리더가 결과를 내는 데만 급급하다 보면 마이크로 매니징을 하거나, 아예 결과를 가지고 올 때까지 닦달하는 경우도 있다. 하지만 성과관리를 과정까지 함께 바라본다면 구성원에 대해 코칭하고 성장을 지원하며 리더십이 바로 세워질 수 있다.

✕ 성과관리의 5가지 장점

성과관리의 본질을 잘 이해하고 운영한다면 여러 가지 장점들이 나타난다.

1) 조직을 원하는 방향으로 움직일 수 있다

성과관리를 통해 조직이 목표하는 방향으로 나아갈 수 있도록 한다. 작은 조직은 경영자나 리더가 쉽게 방향을 안내해 나갈 수 있지만, 조직이 커질수록 사람이 많아지기 때문에 성과관리가 점점 더 중요해진다.

2) 위기상황에 대비하게 된다

성과관리를 통해 예상되거나 예상하지 못한 위기에 대해 사전에 대응할 수 있는 준비를 갖출 수 있다. 특히 PDC 프로세스 중 실행 단계Do에서 나타날 수 있는 위기상황에 대비할 수 있다.

3) 조직이 가진 자원을 효율적으로 사용할 수 있다

조직이 가진 인적자원과 예산, 기술 등을 통해 ROI Return On Investment 를 높이기 위해 효율적으로 운영한다.

4) 조직과 구성원의 공동 성장을 이룬다

성과관리를 통해 조직이 원하는 목표에 도달하게 되는데, 이때 구성원의 성장도 함께 이루어진다.

5) 조직이 지속성장하도록 돕는다

PDC 프로세스에 따라 계획하고 실행한 것에 대한 피드백 과정을 통해 조직이 앞으로 성장하는데 필요한 문제해결 이슈와 해결 방법의 수준이 높아진다.

⚓ 지속가능한 성과

리더는 본인보다 구성원의 강점을 통해 어떠한 조건과 상황에서도 성과가 날 수 있도록 해야 한다. 나아가 일회성이 아니라 지속적으로 성과를 낼 수 있도록 해야 한다. 피터 드러커는 지식사회와 지식근로자의 개념을 설명하면서 지식근로자는 지속적이고 꾸준하게 성과를 낼 수 있어야 한다고 말한다. 여기서 피터 드러커가 말한 지식근로자의 대표적인 모델이 바로 리더이다. 따라서 리더는 지속적인 성과를 내기 위해 꾸준히 노력해야 한다.

지속가능한 성과를 내기 위해 지식근로자는, 즉 리더는 새로운 지식과 기능을 익히려는 꾸준한 학습의 자세가 필요하다. 리더가 학습을 멈추는 순간 리더십은 중단된다. 학습하지 않는 리더는 구성원이 따르지 않는다. 과거의 경험과 의견으로만 해결하는 데에는 한계가 있다. 따라서 리더의 역할이 끝나는 순간까지 끊임없이 학습해야 한다. 리더가 학습하고자 하는 마음만 있다면 학습을 위한 방법은 주변에 많이 있다. 조직 내에서의 교육훈련, 외부 세미나, 교육기관 활용, 온·오프라인에서의 넘쳐나는 지식과 정보는 충분히 많다.

　또한 리더는 지속적인 혁신을 해야 한다. 조직과 리더를 둘러싼 변화에 대해 적극적으로 수용하고 주도적으로 변화를 이끌어 가는 것이 혁신이다. 한 연구결과에 따르면 변화의 당위성을 피력했을 때 15%만이 변화를 선택하고 적극적으로 변화에 반응한다고 한다. 70%는 적극적으로 변화를 선택한 사람들에 의해 마지못해 따라가며, 나머지 15%는 변화를 수용하지 못하고 거부한 상태로 외면한다고 한다. 뉴노멀 시대의 리더는 변화관리를 통해 지속적인 성과를 낼 수 있어야 한다.

LEADERSHIP

목표관리(MBO)

성과관리에 대한 이야기를 하면서 MBO를 빼놓을 수 없다. 오래된 개념이기는 하지만 아직도 많은 기업들이 피터 드러커의 MBOManagement By Objectives(목표관리경영)를 활용하고 있기 때문이다. MBO는 기업의 중장기적 경영전략과 연간 사업계획을 달성하기 위해 사업본부, 부문, 팀, 팀원까지 전사가 함께하는 성과관리 방법이다.

목표관리의 방법

피터 드러커의 MBO에 담긴 내용 중 조직의 성과를 높이는 목표관리 방법은 3가지로 정리할 수 있다.

첫째, 조직의 목표와 개인의 목표를 정렬시키고 반드시 충분한

합의과정을 가진다.

둘째, 목표 수행과정에서 지속적인 코칭을 한다.

셋째, 결과에 대한 평가시 사전 면담을 통해 소통하고 피드백한다.

피터 드러커는 이 3가지가 반복적으로 진행되었을 때 조직의 성과가 향상된다고 말한다.

리더가 MBO를 잘하기 위한 방법

구분	MBO 내용	리더가 MBO를 잘할 수 있는 방법
첫째	조직의 목표를 개인의 목표와 정렬할 것	• 리더는 개인의 목표가 조직의 목표 달성에 연결되고 회사에 공헌하도록 목표를 설정해야 한다. • 리더는 구성원이 조직의 목표와 본인의 목표가 연결되어 있다는 것을 알도록 피드백해야 한다.
	개인 목표에 대해 합의과정 필요	• 개인의 목표설정 단계에서 합의를 하지 않는 조직이 많다. 합의는 구성원에게 동기부여를 해주고 성과에 몰입하게 도와준다. • 합의과정은 향후 성과평가에도 도움이 된다.
둘째	목표 수행과정에서 지속적인 코칭	• 연말 평가기간 중에만 성과관리를 하고 코칭하는 것에서 벗어나 최근에는 목표 수행과정에서 상시적으로 피드백하고 코칭한다. • 리더는 상시적으로 코칭과 피드백을 해야 한다.
셋째	성과평가시 구성원을 사전에 면담	• 리더는 공정한 성과평가를 했다고 생각해도 결과통보 형태의 면담은 구성원에게 불만요소가 된다. • 리더는 성과평가시 사전에 필수로 면담을 하는 것이 중요하다.

⚒ 목표설정의 3요소

조직이 가려는 목적지에 정확하게 정렬될 수 있도록 하는 것이 리더의 역할이다. 마치 자동차의 바퀴를 정렬alignment하는 것과 같다. 만약 자동차의 바퀴가 정렬되어 있지 않다면 자동차는 목적지에 도착할 수 없을 뿐 아니라 속도를 내면 낼수록 위험에 빠질 수 있다.

리더는 기업의 미션과 비전에 맞추어 구성원들의 업무목표와 행동을 정렬해야 한다. 이때 다음의 3가지가 충분히 정리되어 있어야 목표설정의 기본적인 요건이 충족된다.

1) 무엇을 목표로 할 것인가?

우선 조직이 무엇을 목표로 할 것인가에 따라 조직이 나아가는 방향이 크게 달라진다. 가끔은 조직이 무엇을 목표로 할 것인지를 잘못 선정해 시간을 허비하거나 리소스를 낭비하는 일이 발생한다. 2009년 당시 전 세계인의 휴대폰 두 대 중 한 대는 노키아였다. 세계 최대 휴대폰 제조회사였던 핀란드의 노키아는 1990대 후반에 이미 아이패드와 같은 터치스크린을 활용한 태블릿을 개발했으나 시장에 내놓지 않았다. 당시의 휴대전화 판매에 만족하고 무엇을 목표로 해야 하는지를 놓치고 만 것이다.

성과를 내는 팀장의 완벽한 리더십

2) 어느 정도 달성할 것인가?

조직은 자사의 역량을 통해 단기 또는 장기에 걸쳐 달성할 것을 정하기도 하고, 달성의 정도를 정해 단계적으로 달성해 나갈 수도 있다. 미국에서 두부시장 점유율 1위를 기록하고 있는 풀무원은 1990년대 초에 미국 LA의 한인타운을 거점으로 시장을 개척했고, 다음 단계로 2004년 미국의 콩 전문식품을 생산하는 와일드우드 내츄럴푸드를 인수합병한 후 이 회사의 물류체인을 활용해 미국 최대 슈퍼마켓 체인인 홀푸드마켓에 진입해 현재는 미국시장 전체를 석권했다. 목표는 한 번에 달성할 수도 있지만, 이처럼 단계별로 어느 정도 달성할 것인지를 정하고 진행할 수도 있다.

3) 어떻게 측정할 것인가?

목표는 반드시 측정이 가능해야 한다. 리더는 이 점을 특히 유의해야 한다. 최선을 다해 목표를 달성했음에도 측정이 안 되어 정당한 평가와 보상이 주어지지 않는 경우가 종종 있다. 정량적인 부분은 숫자로 측정이 가능하지만, 정성적인 부분은 그렇지 않기 때문에 최대한 측정이 가능하도록 조정해야 한다. 특히 정성적인 평가는 객관적으로 상호 인정할 수 있도록 목표 수립시 리더와 구성원이 합의하는 과정이 반드시 필요하다.

LEADERSHIP

목표설정의 5원칙

리더에게 목표설정은 매우 중요하다. 목표설정을 어떻게 하는지에 따라 조직의 미래, 우리 팀의 미래, 리더인 나의 미래에 많은 영향을 주기 때문이다. 목표를 설정할 때는 'ABCDE 5원칙'을 이용하면 도움이 된다.

✕ Aligned with Strategy - 전략과 정렬

상위조직의 전략과 연계하여 목표를 설정해야 한다. 팀원은 팀장의 목표와 연계되어 있고, 팀장은 임원의 목표와 연계되어 있어

성과를 내는 팀장의 완벽한 리더십

야 하고, 임원은 당연히 조직의 목표와 연계되어 있어야 한다. 이렇게 하면 위에서부터의 목표 항목이 아래로 내려갈수록 명확해져 부서와 담당자의 목표까지 연계가 된다.

그런데 일부 리더들은 이러한 목표설정을 대충하기도 한다. 위에서 내려오는 목표를 마치 복사해서 붙여넣기를 하거나, 단순히 산술적으로 나누어 담당자들에게 배분한다. 하지만 이렇게 했을 때 가장 피해를 보는 사람은 맨 아래의 직원들이다. 운이 좋으면 쉽고 낮은 목표를 받아 대충해도 일년 동안 수월하게 일하는 직원이 있는 반면, 어려운 목표를 몰아서 받는 직원이 있을 수도 있다. 말도 안 되는 일이지만 실제로 벌어지고 있는 일이기도 하다.

우리 팀의 목표가 조직 전체의 전략과 목표에 어떻게 연계되어 있고, 그 목표가 우리 팀의 구성원들에게 어떻게 공정하게 배분되고 연계되어 있는지에 대해 많은 고민을 해야 한다.

⚖ Balanced in KPI - KPI 내에서의 균형

두 번째는 KPI Key Performance Indicator (핵심성과지표) 내에서 관리해야 하는 목표들이 적절하게 균형을 이루어야 한다. 조직은 단기간만 운영하고 끝나는 곳이 아니다. 단기와 중기, 장기적으로 해야 할 일들이 있다. 올해 안에 해결해야 하는 것이 있고, 중기 전략을 가지고 단계적으로 해야 하는 일도 있다. 그런데 목표설정을 잘못 잡은 경우 구성원들의 KPI 항목을 보면 표현만 다를 뿐 대부분 재무적인 성과에만 초점이 맞추어져 있거나, 통상적인 업무만 나열되는 경향이 있다. 따라서 리더는 목표 항목의 밸런스를 KPI에 맞춰 균형있게 처리해야 한다.

⚔ Challengeable Target - 도전적인 목표

세 번째는 도전적인 목표를 세워 조직 성장에 공헌토록 해야 한다. KPI에 따라 목표를 설정하는 것이 단순히 평가를 좋게 받기 위해서라면 구성원들은 어떻게 하든 낮은 목표를 설정하게 되고, 이것이 쌓이면 조직에는 큰 위험이 된다.

도전적인 목표를 수립하게 하기 위해서는 조직이 독려하는 목표가 있어야 하고, 만약 달성을 못하더라도 도전적인 목표를 수행했다는 것에 대한 가점 형태의 평가나 보상이 주어져야 한다. 그리고 리더가 도전적인 목표를 수행하는 것을 칭찬하고 인정하는 시스템이 필요하다.

큰 기업일수록 도전적인 목표에 대해 구성원의 동의를 구하기 어렵다고 생각한다. 하지만 큰 기업이라도 조직 단위를 팀 단위의 목표로 나누어 도전적으로 가져갈 수 있다. 세계적인 기업 아마존은 보통 팀 단위를 피자 두 판Two Pizza Team으로 한끼 식사를 대신할 수 있는 7~8명의 인원으로 나누어 높은 성과를 달성하고 있다.

성과를 내는 팀장의 완벽한 리더십

⚔ Detailed Plans - 구체적인 목표

네 번째는 상세한 세부실행계획을 수립하는 것이다. 이때는 구체적으로 기한과 방법을 표기해야 하고, 달성한 목표는 객관적으로 평가할 수 있어야 한다. KPI와 관련된 목표설정을 하는 경우 '목표달성 방안' '목표달성 계획' '목표달성 세부실행계획'으로 구체적으로 구분하고, 여기에는 언제까지 어떠한 방법으로 달성할 것인지를 반드시 기록해 두어야 한다.

리더는 이때 구성원의 구체적인 세부실행계획을 확인하고, 이것이 가능한 것인지, 어떻게 서포트해 줄 것인지에 대해 알려 주어야 한다.

⚔ Explainable Progress - 설명할 수 있는 과정

마지막으로 목표설정의 내용과 진행 정도를 설명할 수 있어야 한다. 리더는 '잘해 보겠다' '우수한 성과를 만들어 내겠다' '성공적으로 수행하겠다'는 식의 표현을 해서는 안 된다. 고객의 숫자, 멤버십 수, 매출액이나 수량 등 구체적으로 설명할 수 있어야 한다.

유명 컨설팅 회사의 직원들과 함께 일했던 경험이 있다. 컨설턴트들이 우리 회사에 상주하면서 첫 번째 했던 일은 사용하는 용어를 통일하는 것이었다. 계열사마다 용어가 다르고, 단어가 같다고 해도 의미하는 바가 다른 경우가 많아 컨설팅 프로젝트가 본격적으로 진행되기 전에 프로젝트와 관련한 용어부터 통일한 것이다.

목표설정을 잘하는 기업들은 사용하는 용어 하나하나에 대한 정의를 분명하게 하고, 이러한 정의에 대해 구성원들이 정확하게 알고 목표수립을 할 수 있도록 하고 있다. 이렇게 되어야 조직이 같은 생각을 가지고, 같은 목표를 향해 행동하며, 공정한 평가와 피드백이 가능해진다.

리더가 알아야 할
KPI와 OKR

✗ KPI - 명확한 성과관리 방법

KPI Key Performance Indicator 는 기업에서 가장 많이 사용하고 있는 성과관리 방법으로, 핵심적인 성과지표를 정해 지표들에 대한 가중치와 달성 정도를 평가할 수 있도록 만들어졌다. 그리고 MBO 개념에서의 목표를 명확하게 정하고 구체적으로 실행 결과를 확인하는 도구로 사용되고 있다.

KPI를 구성하는 핵심성과지표의 종류는 재무지표, 성과지표, 혁신지표, 성장지표의 4가지로 나눌 수 있는데, 이때 지표의 표현방법은 조직마다 조금씩 다를 수 있다. 리더는 이러한 4가지 성과지표를 적절하게 구성하여 목표관리를 할 수 있어야 한다.

1) 재무지표

매출액·이익률 등의 재무적 성과이며, KPI의 가장 상단에 위치한 지표이다. 조직 전체의 공통된 지표로 활용하며, 팀 단위의 비중은 차이를 둘 수 있다. 재무지표는 보통 30~50% 정도로 가져가는 경우가 대부분이다.

2) 성과지표

조직의 성과관리를 위한 팀 단위의 목표이다. 영업팀은 합의된 매출목표, 거래처 확대 목표 수, 마케팅팀은 신제품 개발 수, 히트제품 개발, 교육팀은 교육 시행횟수, 만족도 등 정량적 지표들이 포함된다.

3) 혁신지표

조직의 지속성장이 가능하도록 시장의 변화 트렌드에 맞추어 선제적으로 변화대응하기 위한 혁신활동을 담은 지표들이 포함된다. 신제품이 차지하는 매출액 비율, 팀 단위의 제안건수 목표 달성 등이 여기에 속한다.

4) 성장지표

개인 단위의 역량개발지표를 의미한다. 조직이 요구하는 필수역량 개발을 위한 실행 정도 또는 개인의 연간 역량개발 계획 대비 실행, 업무 관련 자격증 보유 등의 역량개발지표들이 포함된다.

⚡ OKR - 도전적인 성과관리 방법

OKR Objectives Key Result은 존 도어에 의해 인텔에서 시작되어 구글로 전해지고 실리콘밸리로 확대된 성과관리기법으로, 최근 많은 기업들이 관심을 가지고 있다. OKR은 기존의 KPI가 가진 평가 위주의 성과관리 개념에서 벗어나, 보다 진취적이고 도전적이고 혁신적인 성과관리를 위한 방법이다.

1) 성과관리의 핵심은 목표와 핵심결과

인텔의 성공을 이끈 앤디 그로브는 성과관리에서 중요한 2가지 개념은 '목표Objectives'와 '핵심결과Key Result'라고 강조한다.

목표Objectives는 정성적 결과지표를 의미하는 것으로, '과연 우리 조직에서 정말로 필요한 것은 무엇인가?' '우리 조직에서 이것을 성공시킨다면 얼마나 좋을까?' 등 열정과 행동을 불러 일으키는 것을 찾아내는 것이다. 리더와 구성원은 가슴이 뛰는, 동기부여가 되는 정도의 목표지표를 찾아내는 것이 우선이 된다.

핵심결과Key Rresult는 조직이 진정으로 달성하기 원하는 정성적인 목표가 이루어졌을 때 볼 수 있는 결과를 의미한다. 앤디 그로브는 OKR에서의 핵심결과는 반드시 측정가능해야 한다고 말한다. 즉, KPI의 정량적 결과지표와 같이 핵심적으로 얻어지는 결과물이 무엇인지 알 수 있어야 한다는 것이다. 이때 결과를 얻기 위해서는 구체적으로 계획을 세우고 전략을 실행해야 한다.

2) 1개의 목표와 3개의 핵심결과 설정

OKR은 달성과정에서의 성장을 목표로 하기 때문에 KPI보다는 목표달성률이 떨어지는 것이 일반적이지만 매우 중점적인 원대한 목표 1개와 핵심결과 지표 3개를 설정하여 집중력 있게 실행할 수 있다는 장점이 있다.

[사례] 조직 차원

목표 : 우리 회사는 ESG 전략과 관련하여 산업 내에서 탄소를 가장 적게 배출한다

결과1 : 공급망과 배송망에서 발송하는 폐기물 100% 줄이기

결과2 : 생산과정에서 탄소 발생에 대한 비용을 제품원가에 100% 반영하기

결과3 : 금년에 탄소 배출을 30% 줄인 제품 포장지로 100% 변경하기

[사례] 팀 차원

목표 : 마케팅부서의 신제품을 블록버스터로 육성한다

결과1 : 회사 쇼핑몰 페이지에 방문자 수 300만 명 달성

결과2 : SNS 팔로워 10배 증가

결과3 : 제품 커뮤니티 멤버 10배 증가

3) OKR은 구성원들의 참여를 높임

OKR은 KPI보다 구성원들의 참여를 보다 적극적으로 높이는 것으로 알려져 있다. OKR은 탑다운으로 내려온 일방적인 과제를 수

성과를 내는 팀장의 완벽한 리더십

행하는 것이 아니다. 일종의 하이브리드 방식으로 경영진과 임원이 목표를 설정하게 되면 팀의 구성원이 이것에 대해 기여하기 위한 핵심결과를 설정하는 방식으로, 하향식과 상향식 방법이 모두 사용된다.

이해관계자들이 모여 포스트잇으로 아이디어를 모으고, 여기서 꼭 달성해야 할 것을 필터링하고, 최종적으로 선정된 것을 목표로 삼는다. 이러한 방법을 통해 구성원들은 본인들의 의견이 결과지표인 KR에 어떻게 반영되었는지를 확인할 수 있다.

4) OKR의 주기는 일반적으로 3개월

KPI는 운영주기를 연간 단위로 하는 것에 비해, OKR은 3개월 단위로 운영하고 있어 짧은 기간 내에 성과에 대해 확인할 수 있다. 그리고 3개월 동안 일주일마다의 피드백 과정을 통해 진행되는 상황에 대해 모니터링이 가능하다.

KPI는 1년 동안 진행되다 보니 과정이 너무 길고 중간에 수정할 수 없다는 약점을 가지고 있는 반면에, OKR를 짧은 기간 동안 몰입하여 성과에 도전할 수 있다는 장점을 가지고 있다. 현업에서 일을 하다 보면 프로젝트가 6개월만 넘어가도 구성원들이 나태해지는 것을 리더들은 피부로 느낄 것이다. 1년이면 더욱 그러하다. 다음은 팀장들의 대화이다.

"이번 고객응대 프로그램 개선 프로젝트 있잖아? 그거 몇 개월짜리야?"
"응, 1년짜리야. 성과평가는 내년에 할 것 같아!"

"아, 그렇구나. 그럼 지금 뭐 하고 있어?"

"이제 슬슬 시작해야지, 아직 시간 많은데, 뭐~"

보통 프로젝트가 3개월이 넘어가면 집중력이 떨어지는 경우가 대부분인데, OKR은 사람들의 이러한 심리적인 면을 고려해 3개월 단위로 주기를 정하고 있다.

OKR의 10가지 특징

> 1) OKR은 가장 중요한 것을 해줄 수 있도록 돕는다.
> 2) OKR은 조직이나 개인이 집중할 수 있도록 돕는다.
> 3) OKR은 열정을 불러일으킨다.
> 4) OKR은 부서 간 협력을 창조하고 강화해 준다.
> 5) OKR은 도전한 만큼 성과를 가져온다.
> 6) OKR은 발전상황과 과정을 개선하는 모니터링이 가능하다.
> 7) OKR은 경쟁에서 이기게 한다.
> 8) OKR은 문화를 촉진한다.
> 9) OKR은 투명성과 책임감을 높인다.
> 10) OKR은 불가능한 것을 가능하게 한다.

(출처 : 《OKR》, 존 도어)

⏳ CFR - OKR의 지속적인 성과관리를 위한 도구

CFR은 대화Conversation와 피드백Feedback, 인정Recognition을 통해 진행하는 커뮤니케이션 방법으로, OKR의 지속적인 성과관리를 위

성과를 내는 팀장의 완벽한 리더십

한 도구라고 할 수 있다. 세계적인 벤처투자기업 클라이너퍼킨스의 존 도어 회장은 "OKR은 기업의 문화를 바꾸는 과정에서 구성원들에게 목표와 명확함을 선사하며, CFR은 기업의 변화 여정에 필요한 활력을 공급하는 것"이라고 말한다. 분기별 단위의 OKR이 등장하면서 기존의 연간목표 달성에 따른 효용이 없어진 이후 새로운 인사관리 모형과 연간목표 달성 평가를 대신할 혁신적인 대안이 필요했는데, 이것이 CFR이라는 것이다.

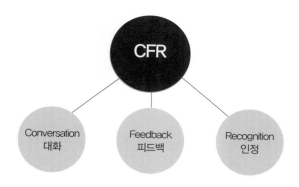

1) OKR을 잘할 수 있도록 돕는 CFR

'대화'는 리더와 구성원이 성과 향상을 위해 진행하는 솔직하고 다양한 의견 교환이며, '피드백'은 발전 상황을 확인하고 향후 개선 방향을 찾기 위해 이루어지는 구성원들 간의 양방향 또는 네트워크 형태의 의사소통이다. 그리고 '인정'은 모든 형태의 기여한 사실에 대한 인식과 보상을 의미한다. 이처럼 CFR은 OKR를 더 잘할 수 있도록 돕는 커뮤니케이션 방법이기 때문에 리더들은 CFR 역량을 강화해야 한다.

2) CFR을 잘하기 위한 방법

리더는 CFR를 통해 OKR이 제대로 기능하도록 솔직하게 말할 수 있는 분위기를 조성해야 한다. 리더가 이러한 분위기를 조성해주지 않으면 OKR의 담당자들은 본인이 하고 있는 일들을 솔직하게 말하지 않고 숨기게 된다. 그렇게 되면 매주 진행되는 피드백 과정이 서로 간에 매우 피곤하고 불편해질 수밖에 없다. 쉽게 말해 상당히 피곤한 업무로 변질된다. 그래서 리더는 한 주 동안 어떤 일을 했고, 어떻게 돌아가고 있는지, 무엇을 도와주면 될지, 무엇을 배우고 있는지 등 긍정정이고 밝은 회의가 진행될 수 있는 분위기를 조성해 주어야 한다.

CFR은 회의가 될 수도 있고, 1대1 미팅이 될 수도 있다. 이때 중요한 것은 OKR 담당자가 솔직하게 이야기할 수 있도록 해주어야 하는 것이다. 이러한 기본적인 분위기가 조성되었을 때 대화가 되고, 서로의 신뢰 속에 피드백이 오갈 수 있다.

성과를 내는 팀장의 완벽한 리더십

성과면담 프로세스

성과면담이란 리더와 구성원 간에 목표와 계획의 설정, 계획에 근거한 수행과정 및 평가결과와 앞으로의 개선 피드백에 대해 서로 의견을 나누는 것을 말한다. 리더들 중에는 성과면담을 어렵게 생각하는 경우가 많다. 사람이 사람을 평가하는 것이기도 하고, 구성원이 평가받는 것에 대해 거북하게 느낄 수도 있기 때문이다. 하지만 성과면담이 본연의 목적에 맞게 제대로 운영될 때 조직은 긍정적인 방향으로 성장할 수 있다.

⚐ 성과평가 5단계 프로세스

리더가 성과면담을 잘하기 위해서는 5단계의 성과평가 프로세스가 필요하다.

1) 성과계획

성과계획은 목표설정과 성과로 나타나는 결과에 대해 서로 합의하는 과정을 말한다. 어떻게 목표가 설정되었으며, 어떻게 평가할 것인지 기준을 미리 정하는 것이다. 성과계획은 꼭 사무실에서 하는 것보다는 리더와 구성원이 서로 편안한 장소와 시간을 선택해 진행하는 것이 좋다.

2) 중간점검

중간점검은 리더와 구성원이 성과계획에 대해 어떻게 진행되고 있는지 서로 논의하는 과정이다. 중간점검은 분기 또는 반기마다 하는 경우가 대부분이지만, 최근에는 상시로 운영하는 경우가 늘고 있다. 그래서 필요하다면 언제든지 중간점검을 시행하는 것이 좋다. 중간점검은 시스템에 등록하거나 기록을 하여 향후 최종평가 때 논의된 사항에 대한 진척 정도를 파악할 필요가 있다. 중간점검 과정에서 목표를 수정하거나 계획을 수정하는 경우도 발생한다.

3) 최종평가

최종평가는 정확히 말하면 최종평가를 위한 사전면담이다. 최종

성과를 내는 팀장의 완벽한 리더십

평가를 앞두고 있는 상황에서 정량·정성 평가에 대한 최종평가를 사전에 공유하고, 구성원이 납득할 수 있도록 의견을 교환하고 합의하는 과정이다. 최종면담에서는 구성원이 본인의 업무실적에 대해 의견을 개진해야 하며, 리더와 견해 차이가 있다면 견해 차이를 해결하는 시간으로 운영한다.

4) 이의신청, 피드백

이의신청과 피드백은 이의가 있는 경우에만 해당하는 것으로, 이의신청에 대해 합당한 점이 있을 경우에만 별도의 면담을 통해 점검하고 피드백하는 것으로 진행하는 것이 일반적이다.

리더는 성과면담을 위해 먼저 충분한 라포를 형성하여 감정에 따라 좋지 못한 면담이 되지 않도록 관리하는 것이 필요하다. 또 리더와 구성원 간에 평소에 만들어 놓았던 소통과 신뢰를 바탕으로 성과면담을 할 수 있도록 해야 한다.

LEADERSHIP INSIGHT

Part 8

리더의 질문

믿기지 않겠지만, 인간이 지닌 가장 최고의 탁월함은
자신과 타인에게 질문하는 능력이다.

- 소크라테스

좋은 질문은
중립적 언어로

리더의 좋은 질문은 판결하지 않고 질문하는 것이다. 즉, 생각이나 의도를 담지 않은 질문을 말하며, 이것을 '중립적 질문'이라고 한다. 사람들이 보통 질문을 할 때 질문하는 사람의 입장에서 이미 판결을 하고 질문하는 경우가 있다. 이런 경우는 1대1 면담뿐만 아니라 여러 사람이 모인 회의에서도 자주 나타난다.

김 과장은 평소 지각을 하지 않는 직원인데, 이번 주에만 2번이나 지각을 했다. 첫 번째 지각할 때는 실수라고 생각해 그냥 넘어갔는데, 두 번째 지각을 하니 이유를 물어보았다. 같은 상황에서 다음 두 질문이 어떤 차이가 있는지 확인해 보자.

(A팀장) 김 과장, 무슨 문제가 있나? 허구한 날 왜 지각이야?

(B팀장) 김 과장, 무슨 일 있나? 출근시간이 지나서 오기에….

첫 번째 질문은 2번의 잦은 지각으로 문제를 일으키고 있다는 의미로, 그것에 대해 비판을 하는 질문이다. 두 번째 질문은 지각을 잘하지 않던 사람이 지각을 해서 걱정이라는 의미로 들린다. 사실 김 과장은 아내가 출근하면서 아이를 유치원에 데려다 주는데 아내가 며칠 아파서 대신 데려다 주다 교통체증 때문에 지각을 한 것이다. 김 과장은 A팀장의 질문에 "죄송합니다"라고 말은 하지만 팀장의 말에 서운함이 생길 것이다. 그러나 B팀장의 질문은 열린 질문이기 때문에 늦은 사정을 말하고 다음부터는 유의하겠다고 말할 것이다. 이처럼 질문을 어떻게 하느냐에 따라 상대방의 반응과 감정은 달라진다. 질문을 할 때 감정을 넣지 않고 중립적인 질문을 해야 하는 이유가 여기에 있다.

중립적인 질문이 아닌 경우는 상대방의 솔직한 생각이나 진심이 담긴 답변이 아니라 리더가 유도한 방향으로 답변을 하게 되는 유도질문이 되는 경우가 많다.

(A팀장) 이 방안이 효율적인 것 같지?
(B팀장) 어떤 방향이 효율적인 것으로 보이나요?

⚓ 소통과 공감을 만드는 질문

2008년 페이스북(메타)에 COO로 영입된 셰릴 샌드버그는 4년 만에 전 세계 가입자 수를 7,000만 명에서 11억 명으로, 2020년에는 24억 명으로 증가시켰다. 2019년 페이스북의 매출은 707억 달러(약 80조 원)를 기록했다. 2022년 메타를 떠났지만, 메타 성장의 일등공신이었던 셰릴 샌드버그의 사례를 소개한다.

페이스북 본사 강당에 400여 명의 엔지니어들이 모였다. 셰릴 샌드버그 COO가 이들 앞에서 페이스북의 데이터센터 운영전략에 대해 이야기를 시작한 지 얼마 안 돼 한 직원이 불쑥 일어났다.

"질문 있어요. 셰릴, 당신 얘기는 완전히 틀렸어요."

이 직원은 입사 2개월 차의 신참 엔지니어였다. 그는 샌드버그의 발언에서 잘못된 점을 조목조목 지적했다. 400명 앞에서 회사 2인자가 대망신을 당한 셈이다. 샌드버그는 조금도 머뭇거리지 않고 말했다.

"그렇네요. 내가 틀렸고, 당신이 맞네요. 고마워요. 잘 지적했어요."

이처럼 질문이 자유로운 조직, 상사가 누구이든 자신의 생각을 자유롭게 말할 수 있는 조직은 성장가능성이 높은 조직이다. 신입사원이라도 질문을 통해 문제해결을 하려고 하는 자유로운 소통문화가 글로벌 최상위권의 회사로 성장할 수 있는 비결이 아닐까?

메타는 매주 금요일 전 직원과의 질문 세션을 통해 직원들이 궁금한 모든 것을 CEO 및 임원진에게 질의응답을 통해 해결했으며, 질문을 통해 소통하고 공감하는 문화를 만들었다. 이러한 제도는 구글이나 애플과 같은 글로벌 IT 기업들도 비슷하게 운영되고 있으며, 기업을 지속성장하게 만드는 강력한 조직문화라고 할 수 있다.

성과를 내는 팀장의 완벽한 리더십

✗ 질문하기 전에 기억해야 할 4가지

1) 질문의 목적이 무엇인가?

리더의 질문에는 목적이 있어야 한다. 목적이 없는 질문은 목적지 없이 항해하는 배와 같다. 퍼팅에서 방향이 정확해야 성공확률이 높아지는 것과 같다. 목적이 없는 질문은 해답이 될 수 있는 답변도 기대할 수 없다.

2) 질문의 상대가 적절한가?

리더는 구성원에 따라 질문이 적절한지 구분해야 한다. 구성원의 직급이나 근무연차, 업무 숙련도에 따라 질문의 수준과 종류가 달라져야 하는 것이다.

3) 질문의 타이밍이 적절한가?

리더는 적절한 타이밍에 질문하는 것이 좋다. 적절한 타이밍에 던져진 질문은 업무의 효율성을 높이는 넛지와 같은 역할을 한다. 업무의 흐름을 좋게 하거나, 적절한 시점에 방향 전환을 조절하여 효율성을 높일 수 있다.

4) 이 질문이 최선인가?

리더는 최선의 질문을 해야 한다. 리더의 질문에 따라 구성원의 생각과 행동에 영향을 주기 때문이다. 따라서 리더는 최선의 질문을 위해 꾸준히 고민하고 소통해야 한다.

질문의 힘

질문은 구성원의 참여를 이끌어 내고 몰입하게 한다. 또 구성원 자신의 이슈에 대해 인식하도록 함으로써 문제해결력을 높이는데 도움이 된다. 이스라엘 교사가 갖추어야 할 제1의 덕목은 학생들로부터 질문을 이끌어 내는 능력이라고 한다. 질문은 구성원들에게 다음과 같은 많은 효과를 가져올 수 있다.

구성원에게 하는 질문의 효과

1) 질문은 답을 나오게 한다.
2) 질문은 생각을 자극한다.
3) 질문은 정보를 얻을 수 있다.
4) 질문은 통제가 가능하다.
5) 질문은 마음을 열게 하는 효과가 있다.
6) 질문은 귀를 기울이게 한다.
7) 질문은 스스로 설득이 되게 한다.

성과를 내는 팀장의 완벽한 리더십

✗ 리더에게 힘이 되고 도움이 되는 질문

리더의 좋은 질문은 구성원의 긍정적인 행동을 끌어내는 강력한 힘을 가지고 있다. 리더의 좋은 질문은 리더에게도 구성원에게도 좋은 영향을 주며, 서로 간에 성장하도록 돕는다. 리더 입장에서도 질문이 도움이 되는 부분이 많다. 단 좋은 질문을 할 때이다.

1) 리더의 업무파악에 용이

업무의 진행상황과 문제점, 앞으로의 해결방안을 확인할 수 있다. 리더라고 해서 회의시간에 들은 내용이나 회의자료만 가지고 모든 것을 파악할 수는 없다. 이때 리더는 질문을 통해 궁금한 부분을 간단히 해결할 수 있다.

2) 담당자의 문제해결 의지 확인

질문은 담당자의 문제해결에 대한 접근과 의지 등을 가까이에서 확인할 수 있다. 담당자가 문제를 어떻게 보고 있는지, 어떤 방법으로 언제까지 해결을 할 것인지, 누구와 함께하려고 하는지, 직접 하려는지 후임에게 시키려 하는지 등 담당자의 의지를 확인할 수 있다. 그러면서 리더는 앞으로 이 담당자에게 권한위임을 할지에 대해서도 자연스럽게 고민하게 된다.

3) 리더의 시간을 효율적으로 사용

리더는 업무의 많은 시간을 구성원과의 회의와 개인적인 면담에 사용한다. 리더에게는 '조직관리'와 '사람관리'도 중요한 역할 중 하나인데, 조직이나 사람을 관리할 때 좋은 질문을 활용하면 시간을 아낄 수 있다. 이처럼 리더의 좋은 질문은 리더의 시간을 효율적으로 사용할 수 있게 한다.

4) 리더의 좋은 이미지 구축

좋은 질문을 하는 리더는 구성원에게 좋은 리더십을 가진 리더로 느낄 수 있게 한다. 좋은 질문은 상대방의 생각과 마음을 끌어낼 수 있기 때문에 처음에는 라포가 형성되고, 나중에는 신뢰감이 만들어진다. 그래서 좋은 질문을 하는 리더와 대화하고 싶고, 고민을 털어놓고 싶으며, 스마트하게 느껴지며, 따르고 싶은 영향력을 주게 된다. 이러한 과정에서 리더에 대한 좋은 이미지가 만들어진다.

리더가 질문 없이 지시만 한다면

1) 시키는 일만 한다.

2) 책임을 회피하고 전가한다.

3) 의욕이 저하되고 창의력이 떨어진다.

4) 보고하지 않는다.

5) 대화가 단절된다.

6) 비전의 공유가 안 된다.

7) 지시하는 사람만 바쁘다.

8) 다음 지시만 기다린다.

9) 조직이 발전하지 않는다.

성과를 내는 팀장의 완벽한 리더십

✗ 구성원에게 힘이 되고 도움이 되는 질문

구성원 입장에서도 좋은 질문은 힘이 되고 좋은 대답을 찾는 시간이 된다.

1) 리더와 소통할 수 있는 기회

질문을 통해 리더와 소통할 수 있는 기회가 마련된다. 구성원 입장에서는 리더와 편하게 이야기할 수 있는 기회가 별로 없는데, 리더가 좋은 질문을 한다면 구성원 입장에서는 본인의 생각을 말할 수 있는 좋은 기회가 된다.

2) 필요한 리소스 확보 기회

본인이 가진 생각을 실행하기 위해 필요한 리소스를 받을 수 있거나, 다른 방법에서의 지원을 받을 수 있는 기회가 생긴다. 이러한 리소스는 직급이 높고 낮음이 없다. 팀원도 팀장에게 필요한 리소스를 받지만, 임원들도 CEO에게 질문과 함께 리소스를 받는다.

3) 구성원의 자기효능감 상승

구성원의 자기효능감이 높아진다. 질문을 통해 구성원의 생각을 리더가 듣고 칭찬과 인정을 하고 동기부여와 독려를 해주면 자기효능감이 올라가게 된다. 그리고 자기효능감은 업무의 몰입과 업무성과에 긍정적인 영향을 준다.

4) 리더의 좋은 영향력을 받는 기회

리더에게 좋은 영향력을 받는 기회가 된다. 구성원은 질문을 통해 리더의 값진 경험이나 미래에 대한 통찰을 얻을 수 있다. 리더가 좋은 영향력이 있다고 판단되면 구성원은 리더의 좋은 영향력을 본인의 것으로 만들기도 한다.

5) 구성원에게도 행동의지를 높이는 기회

리더의 좋은 질문에 답하는 과정을 통해 앞으로의 계획에 대한 진정한 행동의지를 높일 수 있다.

좋은 질문을 하는
5가지 방법

리더는 구성원들에게 다양한 질문을 하게 되는데, 이때 좋은 질문을 하는 5가지 방법을 알아보자.

⚡ 열린 질문

좋은 질문은 곧 열린 질문이다. 열린 질문이란 구성원에게 본인의 생각을 펼칠 수 있도록 하는 질문이다. 반대로 닫힌 질문은 구성원이 '예' '아니오'로 답하게 만드는 질문이다. 예를 들어보자.

"내가 지시한 마케팅 실적보고는 이번 주말까지 되는 거야?"

"내가 말한 영업실행계획서에 타사 정보 들어 있어?"

"이봐, 내가 말한 거래처에 다녀왔어?"

리더의 닫힌 질문은 이렇듯 '예' '아니오'로 답하게 만든다. 이 질문에 답을 하는 구성원은 본인의 생각을 원천적으로 닫게 된다. 그리고 '예' '아니오'의 다음 행동에 대한 핑곗거리를 생각하게 된다. 반대로 다음은 리더의 열린 질문이다.

"마케팅 실적보고의 준비사항은 어떻게 진행되고 있나요?"
"타사의 정보 중에 참고할 만한 사항은 어떤 것이 있나요?"
"일전에 다녀왔던 거래처에 대해 느낀 점은 무엇인가요?"

⚡ 미래를 향한 질문

리더의 열린 질문을 바탕으로 이제 한 차원 높은 질문의 기술을 알아보자. 리더는 구성원에게 미래에 대한, 미래를 향한 질문을 하면서 구성원이 지금의 프로젝트를 마치면 어떤 것을 얻게 되는지, 그리고 얼마나 더 성장할 수 있는지를 생각하게 해야 한다.

"이번 신규사업 프로젝트가 실현되면 어떤 것들을 기대할 수 있나요?"
"이번 해외박람회 참가 준비에 수고가 많습니다. 박람회를 통해 우리가 어떤 것을 기대할 수 있을까요?"
"이번 목표 달성을 통해 우리가 얻을 수 있는 것은 무엇이 있나요?"

이와 같이 미래에 대한 질문을 받으면 구성원은 지금 하는 일에 대해 고민하고, 일의 의미를 알 수 있게 된다. 그리고 미래에 대한 비전을 생각하게 된다.

⚡ 과거의 경험을 묻는 질문

리더는 구성원이 과거의 경험을 기억하고, 과거의 경험자산을 활용할 수 있도록 돕는다.

"그렇군요. 이번 일과 예전 일이 유사한 점은 무엇인가요?"
"예전에도 비슷하게 성공한 사례가 있었나요?"
"그때 어떤 시도를 했었나요? 놓치고 있었던 것이 있다면 무엇을 다르게 실행하고 성공시켰나요?"

⚡ 거시적인 질문

리더는 구성원이 숲을 전체로 볼 수 있도록 돕는 역할을 해야 한다. 이때 리더는 질문을 통해 거시적인 관점에서 업무를 바라볼 수 있도록 해줘야 한다. 또 본인이 하는 일이 조직이라는 시스템 속에서 어떤 영향을 가지며, 어떤 기능부서와 연관성이 있는지 알게 해준다.

"이번 업무의 가장 핵심은 무엇인가요?"

"우리가 정말 성취해야 하는 것은 무엇인가요?"

"당신이 이번 일의 전체를 총괄하는 사람이라고 생각해 보면 어떻게 해야 할까요?"

⚡ 구체적인 질문

리더는 구체적으로 질문을 해야 한다. 리더가 잘게 쪼개어 질문하면 구성원은 더 많은 생각을 하고 대답하게 된다. 이처럼 리더의 구체적인 질문은 해결하고자 하는 문제에 대해 시작하는 시점부터 끝내는 단계까지 어떻게 실행할 것인지 알게 해준다.

"해결방법을 구체적으로 설명해 주시겠어요?"

"그 부분에 대해 예를 들어 줄 사례가 있나요?"

"성공적으로 마무리했다는 것을 어떻게 평가해 볼 수 있나요?"

LEADERSHIP INSIGHT

Part 9

리더의 피드백

코칭은 안에서 밖으로 끄집어낸다.
-《최고의 한 수》중에서

피드백은 선물이다

'피드백은 선물이다.'

이 말은 메타(페이스북) 사옥 곳곳에 붙어 있는 슬로건이다. 피드백을 주는 사람은 시간과 노력이 필요하지만 받는 사람은 그 덕분에 더 나은 삶을 살게 된다는 것이다. 피드백이 얼마나 중요한지를 보여주는 중요한 문구이다.

피드백의 의미는 '상대의 행동에 대해 구체적인 반응을 보임으로써 행동의 강화 또는 변화의 기회를 제공하는 것'이다. 긍정적 피드백을 통해 잘하고 있는 것은 더 잘하게 만들고, 건설적 피드백을 통해 잘못하고 있는 것은 고치게 만드는 것이다.

리더들이 피드백을 하지 않으려는 이유는 자칫 상대방이 질책으로 받아들여 좋아하지 않을 거라 생각하기 때문이다. 굳이 내가 위험을 무릅쓸 필요가 없다고 생각하는 것이다. 그러나 리더의 피드백은 구성원이 성장하는데 있어 무엇보다 중요하다. 피드백을 통해 상대방의 행동을 변화시킬 수 있기 때문이다.

피드백을 하는 사람은 선물을 준다고 생각하면서 진심으로 전달하고, 받는 사람은 소중한 선물을 받는 것처럼 상대방의 마음을 받아들여야 한다. 이처럼 피드백에 대한 마음이 서로 통할 때 행동은 강화되고 변화할 수 있으며 결국 성과의 성취로 이어진다.

피드백을 위한 소통의 창
(조해리의 창)

조해리의 창은 1950년대 미국의 심리학자인 조셉 루프트와 해리 잉햄이 정리한 심리학 이론으로, 두 사람의 이름 앞글자를 따 '조해리의 창Johari's windows'이라고 불린다. 원래는 집단역학에 대해 조사를 하던 과정에서 개발한 모델인데, 조해리의 창을 통해 리더가 개선해야 할 소통의 유형을 확인할 수 있다. 보통 사람들이 소통을 할 때에는 다음과 같은 4가지 유형을 가지고 있다.

- Open(공개된 영역) : 내가 아는 영역과 남이 아는 영역이 공개된 영역이다. 이것이 현재 내가 보여주고 있는 소통의 창이다.
- Blind spot(맹목적 영역) : 내가 모르고 있는 영역이지만 남이 아는 영역이다. 공개된 영역이 넓어지기 위해서는 맹목적 영역이 좁아져야 하는데, 그렇게 하기 위해서는 피드백을 많이 받아야 한다.

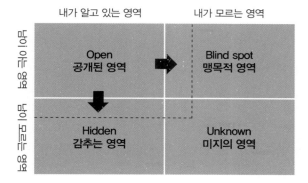

- Hidden(감추는 영역) : 내가 아는 영역이지만 남이 모르는 영역이다. 따라서 내가 생각하는 신념·가치·목표 등을 사람들에게 많이 말해야 이 영역이 적어지는데, 이때 최대한 솔직하게 오픈하고 자신의 생각을 많이 피드백해 줘야 한다.
- Unknown(미지의 영역) : 나도 모르고 타인도 모르는 영역이다. 결국 공개된 영역을 크게 만들수록 이 영역이 줄어든다.

자신을 많이 오픈하고 피드백을 많이 주고받으면 공개된 영역, 즉 소통의 창이 넓어진다. 소통을 잘하고 피드백을 잘하는 사람들은 대부분 소통의 창이 넓다. 조해리의 창은 창의 크기에 따라 유리창형, 황소형, 올빼미형, 거북이형의 4가지 유형으로 나뉜다.

✗ 유리창형

1) 유리창형의 특징

유리창형은 일명 개방형으로 불리며, 자기표현을 잘하고 타인의 의견도 잘 수용하는 이상적인 커뮤니케이터를 말한다. 솔직함과 공개성을 강조하고, 의견 대립이 있더라도 합의과정을 거쳐 창의적으로 문제를 해결하고자 한다.

유리창형들은 처음에는 그들의 솔직함에 익숙하지 않은 상대방으로부터 오해를 살 수 있으나, 점차 신뢰를 획득하게 된다. 상대방의 의견을 잘 수용하고 반영하기 때문에 상대방도 존중받는다고 느낀다.

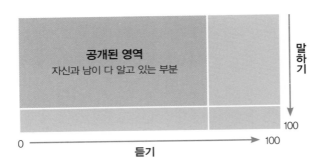

2) 유리창형의 유의점

- 유리창형은 커뮤니케이션의 수준을 신중하게 접근해야 한다.
- → '나는 몇 번 만나본 사람과도 깊은 속마음까지 솔직하게 이야기할 수 있지만 상대방은 그렇지 않을지도 몰라.'
- 다른 유형의 사람도 존중하고 배려해 줘야 한다.

성과를 내는 팀장의 완벽한 리더십

→ '저에게 새로운 대안이 있는데, 함께 공유해 봐도 괜찮을까요?'

→ '시간이 촉박해서 생각을 정리하지 못했을 수도 있어. 당신이 필요하다면 시간을 더 주도록 할게.'

⚡ 황소형

1) 황소형의 특징

황소형은 일명 권위형으로 불리며, 타인의 의견에 귀 기울이지 않음으로써 생겨난 맹목적 영역이 넓은 사람의 유형이다. 자신의 감정과 생각을 솔직하게 표현하며, 옳든 그르든 간에 입장 표현이 뚜렷하다. 또 강한 자아의식을 가지고 있으며, 스스로 옳다고 생각하는 것에 대해서는 자신의 권위를 강조한다.

내가 황소형이라면 권위의식이 강한 이기적이고 공격적인 사람으로 보여질 수 있다. 상대방은 황소형에게 자신의 의견이 무시당한다고 생각하므로 반감을 가지게 되고, 자신의 의견을 말하는 것에 두려움을 느끼게 된다.

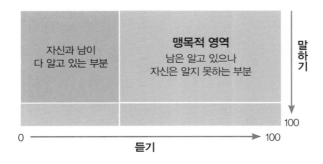

2) 황소형의 유의점

• 황소형은 커뮤니케이션의 수준을 조정하면 좋다.

→ '오늘은 내 의견을 말하기보다 당신의 의견을 많이 들어보는 시간을 갖고자 해.'

• 인지편향을 주의해야 한다. 인지편향은 자기의 말이 무조건 옳다고 생각하는 경향이다. 황소형은 잘 듣지 않기 때문에 자신의 생각만 주장하는 경우가 많다.

→ '내 의견과 맞지는 않지만, 충분히 가능한 경우야.'

• 대화의 기울기를 조절한다. 나를 낮추고 상대방을 인정하며 피드백을 요청한다.

→ '지금까지 내 의견을 일방적으로 밀어붙인 때가 많았던 것이 사실이야. 진심으로 미안하게 생각해. 내가 개선할만한 사항이 있으면 이야기해 주겠니?'

▼ 올빼미형

1) 올빼미형의 특징

올빼미형은 일명 눈치형으로 불리며, 자신을 노출하는 것에 반감을 가지고 있어 자신에 대해 잘 표현하지 않는 사람의 유형이다. 타인을 불신하는 경우가 많으며, 생존의 전략으로서 정보를 수용한다. 또 자신을 표현하는 것에 있어 지나치게 염려하거나 혹은 정보에 대한 독점욕이 강하다.

성과를 내는 팀장의 완벽한 리더십

내가 올빼미형이라면 상대방은 내가 솔직하지 못하고 무성의하다고 생각할 수 있다. 또 갈등을 회피하는 경우가 많아 근본적인 문제해결이 어려워진다.

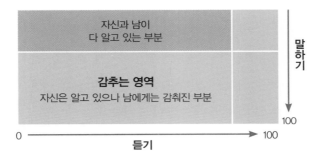

2) 올빼미형의 유의점

- 자신의 신념이 무조건 옳다고 생각하는 경향성이 있으니 내 말이 틀릴 수도 있다는 생각을 하는 것이 좋다.

→ '편견일 수도 있기는 한데 나는 프리젠테이션을 할 때 표준어를 안 쓰고 사투리를 쓰는 사람들을 좋아하지 않는 것 같아.'

- 강력한 논리의 힘을 활용한다.

→ '이제부터 프로젝트 관련 보고를 할 때는 나에게 미리 공유해주었으면 해. 그렇게 해야 일이 중복되지 않고, 자료를 미리 보면 시간도 절약할 수 있으니까….'

- 감정과 기대를 적절하게 표현한다.

→ '제가 이런 제안을 하면 혹시 무모하다고 생각하실까 봐 걱정했어요.'

☒ 거북이형

1) 거북이형의 특징

거북이형은 일명 고립형으로 불리며, 자신의 생각이나 의견을 표현하는 것을 꺼릴 뿐만 아니라 상대방의 말에도 귀를 기울이지 않는 사람의 유형이다. 자기보호에 지나치게 관심을 두며, 오해나 위험을 기피하는 경향이 있다. 만족도가 가장 낮은 대인관계를 형성하며, 커뮤니케이션 문제가 많이 발생한다.

내가 거북이형이라면 상대방은 지나치게 소극적이며 고집이 세다고 여길 수 있다. 또 주관이 지나치게 강하다고 여기며, 말이 통하지 않는 상대라고 느낄 수도 있다.

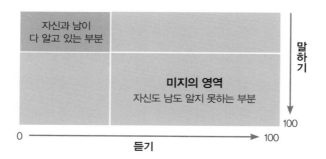

2) 거북이형의 유의점

• 소통 및 갈등에 대해 새로운 틀로 접근해야 한다.

→ '조직 구성원으로서 서로 소통하고 저마다 다른 의견들을 주고받는 것은 건전하고 생산적인 일이야.'

• 관계에 대해 긍정적인 의도를 찾는다.

→ '팀원이 나보다 더 적극적으로 의견을 표현해 주니 부족한 점
을 더 빨리 파악해서 보완할 수 있겠어.'
• 내가 가진 강점과 약점을 파악한다.
→ '난 신중하게 자료를 검토하고 의사결정을 해.'
→ '상대방의 의견을 묻지 않고 추진하는 경향이 있지.'

리더들은 4가지 유형 중 본인이 어디에 해당되는지 확인해 봐야
한다. 그리고 유리창형이 아니라면 개선해야 할 점을 찾아 적극적
으로 개선하는 것이 필요하다.

피드백의 핵심은
'관찰'

'이동건 씨는 동료들과 대화할 때 무례하고 다소 난폭한 말투의 질문을 한다.' 이 문장은 관찰일까? 추측일까? 관찰처럼 보이지만 추측이다. '다소 난폭한'이라는 문장은 추측이기 때문이다.

'박순진 씨는 반론을 제시하면 즉시 침묵해 버리고 상대방이 말한 대로 하는 경우가 많더라.' 이 문장은 관찰일까? 추측일까? 추측이다. '많다'라는 단어는 말한 사람의 생각이자 추측이다.

피드백의 핵심은 '관찰'이다. 피드백을 잘하기 위해서는 추측과 관찰을 잘 구분해야 한다. 관찰은 주관적 판단 없이 사실만을 객관적으로 확인하는 것이다. 예를 들어 김 대리가 10분을 지각했다면 '관찰'은 "김 대리, 10분 지각했네"라고 말하는 것이다. 그런데 '추측'은 "김 대리, 10분 지각했네. 왜 이렇게 게을러"라고 말하는 것이다. 즉, 추측은 관찰한 내용에 기반해 내 생각을 보태어 말하는 것이다.

성과를 내는 팀장의 완벽한 리더십

보통 추측하여 말하면 듣는 사람은 기분이 나빠진다. 이번에 실수로 한 번 지각한 건데 추측의 말을 들으면 억측처럼 보이기 때문이다. 따라서 피드백을 할 때는 관찰한 내용만을 기반으로 해야 한다.

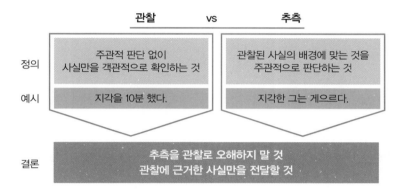

▲ 성과면담에서의 피드백

성과평가를 위해 면담을 할 때 가장 중요한 것은 관찰한 내용을 기반으로 팩트 중심의 피드백을 해야 한다. 생각과 추측을 가지고 피드백을 하면 평가를 받는 사람은 리더를 신뢰하지 않게 된다. 특히 MZ세대들은 평가의 공정성과 투명성을 중요하게 생각하기 때문에 공정하지 않다고 생각하면 리더에 대한 신뢰가 떨어진다. 리더십에서 신뢰는 매우 중요하기 때문에 완벽하게 준비해서 불만이 없도록 해야 한다.

효과적인 평가 피드백을 하기 위해서는 다음의 5가지를 꼭 기억해야 한다.

첫째, 추측이 아닌 실제 관찰한 것을 기록한다. 1년 동안 일한 내용에서 주요 이벤트를 중심으로 기록해야 한다.

둘째, 눈에 보이는 주요한 말과 행동을 기록한다. 내가 보고 들은 내용을 기반으로 핵심적인 내용을 기록해야 한다.

셋째, 언제, 어디서, 무엇을, 어떻게 했는지 등의 정보를 포함하여 구체적으로 기록해야 한다. 그렇게 해야 평가면담 결과에 대해 이의가 있을 때 구체적으로 설명해 줄 수 있다.

넷째, 목표, 구체적 행동, 스킬의 관련성을 기록해 두면 좋다. 실제 행동한 것에 대해 어떤 것이 부족했는지, 개선해야 할 스킬은 무엇인지 함께 기록해 두면 면담하면서 코칭 피드백도 가능하다. 고쳐야 할 부분을 개선해 향후 어떻게 성장해야 하는지에 대해서도 코칭해야 하기 때문이다.

다섯째, 잊기 전에 가능한 한 빨리 기록해야 한다. 사람의 기억은 한계가 있다. 지금은 다 알 것 같지만 시간이 지나면 기억이 희미해지고 정확하지 않을 수도 있다. 따라서 주요한 이벤트들은 바로바로 메모하고 최소한 하루가 가기 전에 정리해 두는 습관을 가져야 한다.

이렇게 기록해 두면 평가면담을 할 때 팩트 기반으로 정확하고 투명하게 평가할 수 있으며, 결과에 대한 면담을 요청할 때도 구체적인 사실을 기반으로 제대로 설명해 줄 수 있다.

피드백을 잘하기 위한
3가지 스킬

⚔ 3S 피드백

피드백은 상대방에게 행동의 변화를 일으킨다. 피드백을 잘하기 위해서는 3가지 'S'를 기억하면 도움이 될 것이다.

1) Speed(신속하게 피드백하라)

뉴욕에서 서울로 출발하는 비행기가 이륙하면 보통은 자동항법 장치로 가게 된다. 이때 기장이 실수로 0.1도만 잘못 설정해 놓으면 일본 삿뽀로에 도착할 수도 있다. 이 말은 사소한 실수가 시간이 지나면 엄청난 사건이 될 수 있다는 것이다. 따라서 피드백을 할 때는 신속하게 해야 한다. '나중에 해도 되겠지?' '내가 꼭 해야 하나?' 이렇게 피드백을 미루다 보면 처음에는 사소했던 문제가 나중에 큰 문제로 번질 수 있다.

2) Straight(솔직하게 피드백하라)

부정적인 피드백을 할 때는 듣는 사람뿐만 아니라 하는 사람도 불편함을 느낀다. 아무래도 잘못한 점을 지적해야 하기 때문에 '솔직하게 말했다가 상처받으면 어떻게 하지?'라고 생각하는 것이다. 인간은 감정의 동물이기 때문에 누구나 느끼는 감정이다. 하지만 리더가 구성원들을 감싸야 하는 과도한 압박을 느끼게 되면 해당 구성원은 오히려 성장의 기회를 빼앗기게 된다. 관찰한 내용을 솔직하게 피드백할 때 구성원은 리더에 대해 고마움을 느낀다. 구성원들을 진심에서 생각하는 마음으로 솔직하게 피드백할 때 변화에 대한 강력한 힘이 발휘된다.

3) Specific(구체적으로 피드백하라)

피드백할 때는 구체적으로 해야 한다. "보고서가 창의성이 부족하네요. 조금 새로운 관점으로 다시 작성해 봐요. 내일 아침까지 창의적인 보고서 기대할게요" 혹시 직원의 보고서를 보고 이렇게 피드백하지는 않았는지 되돌아보자. 이렇게 해서는 리더의 니즈를 정확하게 전달할 수 없다. "김 대리, 제출한 보고서를 보니 다른 회사에 대한 비교 자료가 빠져있고 연도별 구체적인 데이터가 누락

성과를 내는 팀장의 완벽한 리더십

된 것 같은데, 그 부분을 보완해서 내일까지 다시 제출해 주세요"
라고 피드백해야 한다. 이처럼 무엇이 잘못되었는지 구체적으로
피드백해야 구성원들이 제대로 이해하고 수정할 수 있다.

3가지 피드백 스킬을 꼭 기억하자. 너무나도 심플하고 당연한 것
같지만 생각보다 3S로 피드백하지 못하는 리더들이 많다. 3S 피드
백만 잘해도 능력있는 리더로 평가받을 것이다.

⚜ 구체적인 예시를 들어주자

피드백을 할 때에는 근거를 확실히 보여주면서 구체적인 예시를
들어주면 좋다. 구체적인 예시가 없으면 자신이 생각하는 대로 받
아들일 수 있기 때문이다. 특히 주니어급 직원의 경우는 리더가 제
대로 내용을 전달해도 결과물의 그림이 모호할 수 있기 때문에 정
확하게 어떤 결과물이 나와야 한다고 말해주면 좋다. 그리고 정확
한 아웃풋을 만들기 위해 다음 단계로 무엇을 해야 할지를 마지막
에 추가해 설명해 주고, 모든 피드백을 마친 후에는 '지금까지 내가
피드백한 내용을 고려할 때 당장 어떤 일부터 시작하면 좋을까?'
라는 질문을 통해 구성원이 다음 행동으로 무엇을 해야 할지 생각
할 여지를 주면 좋다. 그럼에도 감을 못잡고 있다면 해야 할 순서를
먼저 알려주고, 이후 과정을 체크하는 것도 좋은 피드백 코칭이다.

피드백의 종류와 방법

피드백은 긍정적 피드백, 건설적 피드백, 무의미한 피드백, 학대적 피드백의 4가지로 분류할 수 있다. 이 중에서 무의미한 피드백과 학대적 피드백은 리더가 가장 조심해야 할 피드백이다.

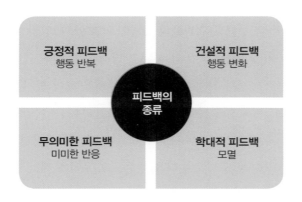

▲ 긍정적 피드백

리더의 진심 어린 칭찬 한마디는 구성원의 동기부여에 큰 영향을 미칠 수 있다. 칭찬은 또한 잘하고 있는 것을 더 잘할 수 있게 만드는 원동력이 된다.

여전히 세계적인 디바로 인정받고 있는 가수 마돈나는 열네 살 때 무용 선생님인 크리스토퍼 폴린을 만났다. 선생님은 마돈나를 처음 본 순간 '세상에 이렇게 아름다울 수가! 네 얼굴은 마치 고대 로마의 여신상 같구나'라고 감탄하며 칭찬을 했다. 마돈나는 폴린 선생님 외에도 많은 칭찬을 받았지만 유독 폴린 선생님의 칭찬은 너무나 진실되게 다가왔고 선생님의 칭찬에 자신감을 얻어 최선을 다해 연습을 하면서 인생이 바뀌게 된다. 세계적인 스타가 된 마돈나는 훗날 병이 든 폴린 선생님의 병원비를 지불하고, 돌아가셨을 때에는 장례식에 참석해 추도사를 읽고 장례비용까지 치르는 등 스승에 대한 감사와 사랑을 전했다. 기자들은 스승의 장례식에 참석한 마돈나에게 '마돈나, 가족도 아닌데 왜 이렇게까지 하는 거죠?'라고 물었고, 마돈나는 '어린 시절 폴린 선생님의 칭찬이 나를 지금까지 오게 했다'며 스승의 진심 어린 긍정적 피드백의 힘을 언급했다.

1) 칭찬과 인정의 동기부여

칭찬과 인정은 훌륭한 동기부여 수단이다. 무조건 '잘했다' '잘할 수 있다'라고 말하는 것은 칭찬이 아니다. 구체적인 행위와 근거를 짚어주면서 구성원이 납득할 수 있는 범위에서 효과적으로 인정하는 것이 칭찬과 인정이다. 구성원이 리더의 성과목표 달성에 기여하겠다고 마음먹게 되는 데는 다른 무엇도 아닌 리더의 인정이 중요한 역할을 하게 된다.

따라서 칭찬을 할 때는 내적인 동기부여에 대해 칭찬을 해야 한다. 겉으로 드러난 행동이나 좋은 결과 외에 보이지 않는 노력과 변화의 과정, 강점, 의미와 가치 등에 대해서도 칭찬을 하면 구성원은 자신감과 함께 자기효능감이 올라가며 앞으로 더 잘하고 싶은 열정이 생긴다.

2) 긍정적 피드백 프로세스

긍정적 피드백 프로세스에 맞게 칭찬을 하면 효과적으로 칭찬을 할 수 있다. 먼저 Act(행동)에 대한 피드백을 한다. 잘한 행동에 대해 칭찬을 해주면 된다. 두 번째는 Actor(사람)이다. 그 사람이 노력한 것을 인정해 주는 것이다. 잘 보이지 않는 과정과 노력까지 칭찬해 주면 받는 사람 입장에서는 감동받을 수 있다. 세 번째는 Thanks(고마움)이다. 앞에서 말한 감사하다는 표현을 다시 한 번 강조해서 표현하는 것이다.

Act(행동) 칭찬받을 만한 잘한 행동에 대해 말한다.	Actor(사람) 칭찬받는 사람의 동기, 노력 및 능력을 인정해 준다.	Thanks(고마움) 칭찬받는 사람에 대한 고마움을 표현한다.

성과를 내는 팀장의 완벽한 리더십

AAT를 활용한 긍정적 피드백의 잘못된 예와 잘하는 예를 비교해 보자. 우리 부서의 김종민 님이 보고서를 잘 작성한 것을 보고 긍정적 피드백을 하는 상황이다.

[잘못된 긍정적 피드백]

"김종민 님, 조직문화 개선 보고서 잘 읽었어요. 고마워요."

물론 이렇게 칭찬을 해도 그 내용은 전달된다. 그러나 칭찬을 받는 사람 입장에서는 상사의 피드백이 영혼이 없다고 느낄 수 있다. 상대방이 잘한 행동에 대해 구체적으로 피드백을 해준다면 진심을 느끼고 더 잘하고 싶은 동기부여를 얻을 것이다.

[AAT를 활용한 긍정적 피드백]

Act(행동) : 김종민 님. 이번에 작성한 조직문화 개선 보고서 잘 만들었더라고요.

Actor(사람) : 이 보고서 작성하느라 1주일 동안 야근하면서 고생 많이 했다고 들었어요.

Thanks(고마움) : 정말로 수고했어요. 김종민 님이 있어서 제가 마음이 든든합니다. 정말 최고예요!

보고서 작성에 대해 이렇게 칭찬을 하면 받는 사람 역시 상사의 진정성 있는 칭찬에 기분이 좋아질 것이다. 이처럼 한 번 칭찬을 하더라도 제대로 하는 것이 중요하다. 긍정적 피드백은 구성원의 잘하는 행동을 더욱 강화시켜주고 동기부여를 해주기 때문에 최대한 자주 많이 해주는 것이 좋다.

⚡ 건설적 피드백

뭐든지 다 좋다고 말하는 사람에게 당신은 신뢰가 가는가? 상황에 따라 좋은 것은 좋다 하고 나쁜 것은 나쁘다고 말해줘야 믿음이 간다. 그런데 이것이 제대로 전달되려면 상대방이 내 입장에서 '정말 나를 위해 나쁜 것을 나쁘다고 말하고 있구나'라고 믿는 서로에 대한 믿음, 신뢰가 반드시 형성되어 있어야 한다. 건설적 피드백의 목적은 상대방의 발전에 있다. 비난과는 다르다. 따라서 구체적인 행동을 언급하고 개선방향을 제시해야 한다. 이때 AIN 프로세스로 건설적 피드백을 하면 효과적이다.

Act(행동)	Impact(영향)	Next performance (다음의 기대성과)
사람의 특성이나 성격이 아닌 잘못에 대한 구체적인 행동을 지적한다.	사람이 행동한, 일어난 상황에 대한 영향을 구체적으로 표현한다.	앞으로 바라는 행동과 성과에 대해 구체적으로 말한다.

AIN은 관찰된 행동에 대해 피드백을 하기 때문에 듣는 사람의 감정이 상하지 않는다. 오히려 자신의 잘못된 행동에 대해 정확히 들을 수 있고 개선을 결심할 수 있는 의지를 얻을 수 있다. '나를 위해 이렇게까지 피드백을 해주는구나'라고 생각하면서 상대방의 배

성과를 내는 팀장의 완벽한 리더십

려를 느낄 수 있다.

AIN을 활용한 건설적 피드백의 잘못된 예와 잘하는 예를 비교해 보자. 경솔해 님이 보고서를 제출했는데 오타와 띄어쓰기 등이 잘 되어 있지 않아 건설적 피드백을 하는 상황이다.

[잘못된 건설적 피드백]

"경솔해 님, 지금 이걸 보고서라고 작성했나요? 오타와 띄어쓰기가 도대체 몇 개나 틀린 거예요. 일 똑바로 안해요. 제대로 하는 게 하나도 없어요. 빨리 수정해서 다시 가져와요."

이 말은 보고서를 틀린 것에 초점이 맞춰진 것이 아니라 잘못한 것에 대한 감정을 드러냈기 때문에 듣는 사람은 불편함을 느끼게 된다. 관찰한 것 중 실수한 부분만 피드백하면 되는데 자신의 생각과 감정을 섞어서 피드백을 했기 때문이다. 건설적 피드백은 상대방의 변화와 행동의 개선을 위해 하는 것이다. 따라서 생각과 감정이 아닌 관찰된 내용만 하는 것이 중요하다.

[AIN을 활용한 건설적 피드백]

Act(행동) : 경솔해 님, 보고서를 보니 오타와 띄어쓰기가 몇 개 틀렸더라고요.

Impact(영향) : 사실 별거 아닐 수도 있지만 그것이 반복되면 사소한 것 때문에 신뢰를 잃을 수도 있어요.

Next performance(다음의 기대성과) : 다음부터는 보고서를 제출하기 전에 조금 더 세심하게 살펴보고 주면 더 좋을 것 같아요.

이렇게 AIN으로 피드백을 하면 상대방은 자신이 잘못한 부분에 대해 알게 되고 다음부터는 실수하지 않겠다고 결심하게 된다. 피드백을 하는 사람도 추측과 감정을 배제하고 관찰한 내용만 피드백하기 때문에 구성원의 향후 개선을 기대할 수 있다.

만약 AIN으로 피드백을 했는데 경솔해 님이 다음에 비슷한 실수를 또 하게 되면 어떻게 피드백을 해야 할까? 한 번은 더 AIN으로 피드백을 해주는 게 좋다.

"경솔해 님, 지난번에도 똑같은 실수에 대해 제가 이야기했었는데 이번에도 같은 실수를 했네요. 물론 그럴 수 있습니다. 그런데 이렇게 반복해서 실수를 하면 신뢰가 무너질 수 있어요. 다음에는 몇 번 더 검토하고 가져오면 좋을 것 같습니다."

이렇게 피드백하는 것이다. 물론 사람이니까 실수할 수도 있다. 그러나 실수도 반복이 되면 능력이 부족한 것으로 생각하게 된다. 피드백을 줬음에도 계속 반복된 실수를 한다면 그때는 다른 영향력을 써야 한다. 실수가 아닌 역량의 문제로 판단해 인사평가에 반영할 수도 있고 인센티브 등 다른 것에 영향을 줄 수 있다. 그래야 반복된 실수를 멈추고 변화된 행동으로 이끌 수 있다.

피드백을 할 때는 건설적 피드백으로 질책을 하는 것이 기본적인 프로세스이긴 하지만 모든 상황에서 반드시 그래야만 하는 것은 아니다. 상황에 맞게 당근과 채찍을 번갈아 가면서 피드백을 하는 것이 효과적일 때가 있다. 따라서 리더는 구성원의 역량과 능력 등을 고려하여 상황에 맞는 피드백을 하면서 구성원들의 변화를 가속화할 수 있다.

▶ 무의미한 피드백

흔히 마음에 없는 말을 할 때 사람들은 영혼이 없다고 말한다. '무의미한 피드백'이 바로 영혼이 없는 피드백이다. 칭찬을 한 것 같긴 한데 전혀 진심이 느껴지지 않는 피드백이 대표적이다. 질책을 하더라도 구성원의 발전을 위해 하는 것이 아니라 짜증이나 화를 내는 것도 무의미한 피드백이다. MZ세대들은 영혼이 없는 피드백을 너무 잘 구분한다. 리더가 영혼이 없는 피드백을 하면 영혼없이 듣고 행동한다. 영혼이 없는 피드백은 리더의 무관심만 들킬 뿐이다.

▶ 학대적 피드백

상대방의 마음에 상처를 주는 피드백이다. 학대적 피드백의 대표적인 것이 상대방을 무시하는 피드백이다. 예를 들어 '김 대리는 5년 차인데 어떻게 1년 차 오 대리보다 일을 더 못하는 것 같아'라는 말은 김 대리를 학대하는 말이다. 1년 차 후배와 비교하면서 상대방의 감정이나 자존심을 완전히 무시하는 이러한 피드백은 마음에 큰 상처를 남긴다.

요즘에는 기업이나 상사에 대한 생각을 '블라인드'라는 SNS에 글로 남길 수 있다. 특히 MZ세대들은 회사에 대한 비판, 상사의 갑질에 대해 자유롭게 블라인드에 올린다. 최근에 블라인드 게시판의 글로 임원 승진에 낙마한 사례가 있다.

임원 승진에 가장 앞서 있다고 평가받는 모 부장은 과장 때 후배들에게 막말을 퍼붓고 갑질을 했었는데 그때 후배들이 심한 모욕감을 느꼈다고 한다. 그중 한 후배가 모 부장의 모욕적인 말을 일부 녹취해 두고 있었는데, 그가 임원으로 승진한다고 하니 너무 화가 나 블라인드에 그 내용을 그대로 올렸다. 인사팀에서 모니터링한 결과 그 내용이 사실로 드러나 결국 모 부장은 임원 승진에 실패했다.

이처럼 구성원들에게 모욕감을 주는 말은 언젠가 부메랑으로 돌아온다. 이것을 흔히 '리더십 역풍'이라고 한다. 따라서 피드백할 때는 절대로 상대방에게 모욕감을 주는 피드백을 해서는 안 된다. 그 순간에는 당연하다고 생각했겠지만 언제 화살이 되어 내 등을 맞출지는 아무도 모르는 일이다.

피드백은 행동을 강화하고 변화의 동기를 주는 것이다. 구성원들에게 하지 말아야 할 피드백을 하고 있다면 동기부여는커녕 리더에 대한 불만과 불신만 키워줄 것이다. 신뢰를 잃게 되면 피드백

성과를 내는 팀장의 완벽한 리더십

리더가 구성원들에게 하지 말아야 할 피드백

• 인격적인 모욕을 줄 수 있는 피드백	모욕감을 주면 나중에 반드시 보복이 올 수 있다.
• 다른 사람과 비교하는 부정적 피드백	피드백을 할 때 타인과 비교하는 것만큼 자존심 상하는 경우가 없다.
• 오직 부족한 결과에만 초점을 두고 지적하는 피드백	성과는 결과가 좋아야 한다. 그러나 열심히 노력해도 안 되는 경우도 있다. 그 과정을 인정해 주는 것도 다음에 더 열심히 할 수 있는 동기부여가 된다. 결과와 함께 열심히 한 과정도 충실하게 피드백해 줘야 한다.
• 많은 사람들 앞에서 공개적으로 하는 교정적 피드백	칭찬은 많은 사람들 앞에서 해도 좋지만 질책은 다른 사람들 앞에서 하면 안 된다. 질책은 1대1로 해야 한다. 본인이 실수를 했다 해도 다른 사람들 앞에서 듣는 질책은 자존감을 낮추고 모욕감을 느낄 수 있다.
• 제3자를 통해 간접적으로 하는 부정적 피드백	어떤 리더는 자신이 직접 질책하기 불편하니 다른 팀 리더나 동료에게 팀원에 대해 부정적인 피드백을 하는 경우가 있다. 그런데 이러한 피드백이 본인에게 들리면 기분이 매우 나쁘다. 리더가 직접 자신에게 하는 피드백보다 더 기분 나쁘고 배신감까지 느낀다. 따라서 피드백할 내용이 있다면 불편하더라도 다른 직원에게 말하지 말고 당사자에게 직접 피드백하는 것이 가장 좋다.
• 여러 가지 메시지가 혼합되어 있는 복잡한 피드백	피드백을 들어보니 칭찬인지 질책인지 알 수 없는 피드백이다. 칭찬과 질책은 구분해서 하는 것이 좋다. 애매모호한 피드백은 듣는 사람 입장에서 어떻게 해야 할지 갈피를 못잡을 수 있어 오해를 사기 쉽다.

은 작동하지 않는다. 따라서 신뢰를 잃는 피드백은 절대 하지 말아야 한다.

혼魂 내는 피드백 VS
화禍 내는 피드백

혼魂 내는 피드백과 화禍 내는 피드백을 구분할 줄 아는 리더가
되어야 한다.

▼ 혼魂 내는 피드백

혼魂을 낸다는 것은 호되게 꾸지람을 하거나 벌을 주어 정신을
차리고 스스로 자신의 잘못을 인정하게 하는 것이다. 혼魂을 꺼내
서 정신 차리게 한다는 말이다. 따라서 혼을 내는 행동은 문제 행동
에 대한 질문을 통해 의도를 파악하고, 문제 행동에 대한 영향과 대
안을 통해 바람직한 행동을 할 수 있게 만드는 것이다. 주체는 상대
방이고 상대방의 파워를 사용한다. 피드백을 주는 사람은 감정을
통제하고 경청과 공감을 통해 피드백을 받는 사람이 스스로 변할

수 있는 기회를 주는 것이다.

⚡ 화禍 내는 피드백

화禍를 낸다는 것은 몹시 노하여 화증火症을 내는 것이다. 내 안의 화를 내는 것이고 마음 속의 분노를 표출하는 것이다. 따라서 화를 내는 행동은 문제 행동에 대한 질책이며, 문제 행동이 미치는 영향을 언급하는 것이다. 주체는 내가 되고 파워도 나의 파워이다. 따르지 않았을 때 받을 수 있는 불이익에 대해 말하며 수용하지 않는 자세에 대해 비판을 한다. 경청보다는 반박을 하며 강한 감정을 표출하는 피드백이다. 자신의 감정을 타인에게 전가시키므로 피드백을 받는 사람은 불편함을 느끼게 된다.

내일은 중요한 사업제안 프레젠테이션이 있는 날이다. 오랫동안 준비를 했기 때문에 프레젠테이션만 잘하면 우리가 수주할 수 있을 것 같다. 프레젠테이션을 담당하는 오 책임의 자료를 확인해 보니 슬라이드가 거의 완벽한 수준으로 준비되어 있었다. 발표까지 확인해 보려 했으나 그동안 준비해 온 것을 잘 알기에 그냥 '마지막까지 잘 준비해'라는 말로 응원했다. 다음 날 고객사에서 프레젠테이션이 열렸다. 그런데 자료는 완벽했지만 오 책임의 발표가 엉망이었다. 긴장하고 당황한 표정에 말 앞뒤가 엉키고…. 이번 수주는 어려울 것 같다는 직감이 들었다. '발표하는 것까지 체크하고 코칭했어야 했는데'라는 후회감이 밀려왔다.

이 사례에서 화禍 내는 피드백과 혼魂 내는 피드백을 구분해 보자.

[화禍 내는 피드백]

(리 더) 도대체 뭘 한 거예요. 제대로 준비를 하긴 한 겁니까?

(오 책임) 죄송합니다. 자료 준비에 집중하느라 막상 발표 준비는 제대로 하지 못했습니다.

(리 더) 지금 그걸 나에게 변명이라고 하는 거예요?

(오 책임) 정말 죄송합니다.

(리 더) 죄송하다고 하면 끝이에요? 이게 얼마나 중요한 프로젝트인지 잘 알면서… 그걸 알면서도 이렇게 대충 준비했나요?

(오 책임) 할 말이 없습니다.

(리 더) 지금 오 책임 몇 년 차죠? 이 정도는 스스로 잘할 수 있는 연차 아닙니까? 프레젠테이션도 제대로 못하면서 무슨 책임이라고… 내가 참…. 이거 어떻게 책임질 겁니까?

[혼魂 내는 피드백]

(리 더) 일단 오늘 발표하느라 수고했어요.

(오 책임) 너무 죄송합니다.

(리 더) 일을 하다 보면 수주에 실패할 수도 있죠. 어제 보니까 자료 준비도 열심히 해서 믿고 있었거든요. 이번 발표는 오 책임에게 능력을 어필할 수 있는 좋은 기회였는데 아쉽네요. 그런데 뭐가 문제였나요?

(오 책임) 제가 준비는 열심히 했는데 막상 올라가니 너무 긴장을 해서 그런지 말이 꼬였습니다. 슬라이드를 준비하느라 발표 연습 시간도 좀

성과를 내는 팀장의 완벽한 리더십

적었구요. 제가 시간 안배에 오판을 한 것 같습니다. 자료보다는 발표 준비를 더 했어야 했는데….

(리 더) 그렇네요. 어제 보니 슬라이드는 매우 훌륭했어요. 그런데 수주 PT는 발표가 더 중요한데 그게 아쉬울 뿐이죠.

(오 책임) 제가 시간 안배를 못한 것 같습니다. 죄송합니다.

(리 더) 이미 이 건은 지나갔으니 앞으로 더 잘하면 되겠지요. 그런데 다음에도 이런 기회가 생기면 어떻게 하면 좋겠어요?

(오 책임) 자료 준비 못지 않게 발표 연습을 더 많이 하겠습니다. 개인적으로도 해야겠지만 팀원들 앞에서 여러 번 시뮬레이션을 해보도록 하겠습니다.

(리 더) 그래요. 연습하면 많이 좋아질 거예요. 자료 작성은 잘하니 발표 연습을 더 열심히 준비해 보세요.

(오 책임) 네. 프레젠테이션 클리닉도 받고, 발표 전에 여러 번 연습해 보겠습니다.

(리 더) 그래요. 내가 오늘 오 책임에게 조금 아쉬웠던 거 알죠? 잠재력이 좋은 사람인데 마무리가 좀 안 되어서 아쉽더라고요. 이번 기회를 배움으로 삼아 다음에는 같은 실수 안 하도록 노력해 봅시다.

(오 책임) 네. 명심하겠습니다. 앞으로 더 잘해 보겠습니다. 고맙습니다.

위 사례를 보면 화를 내는 것이 좋을까? 혼을 내는 것이 좋을까? 구성원의 변화를 원한다면 화 내는 피드백이 아니라 당연히 혼 내는 피드백을 해야 한다. 이미 오 책임의 실수는 종료되었다. 그 상황에서 리더가 화를 내는 것은 자신의 감정을 상대방에게 전가하는 것일 뿐이다. 피드백을 받는 사람은 상사의 화를 받는 상황에서 개선에 대한 의지보다 창피함과 불쾌함 때문에 절망할 것이다. 이런 상황에서 리더는 실수한 것에 대해 팩트를 중심으로 알려주고 다음에는 더 잘할 수 있도록 동기부여를 해야 한다. 혼을 낸다는 것은 구성원을 위한 진심 어린 피드백이고, 구성원의 변화와 성장을 위한 피드백이다. 리더로서 나는 혼을 내고 있는가? 화를 내고 있는가? 잘 살펴보고 화를 내고 있다면 바로 개선해야 할 것이다.

LEADERSHIP

피드백할 때의
유의사항

피드백은 상대방의 감정과 연관되어 있기 때문에 신중하게 해야 한다. 이때 몇 가지 고려사항을 기억하여 피드백할 때 활용한다면 구성원들에게 매우 효과적으로 적용될 것이다.

▲ 긍정적 피드백을 건설적 피드백보다 3배 더 많이 하라

구성원에게 피드백할 때는 질책보다 칭찬이 더욱 효과적이다. 물론 상황에 따라 달라지겠지만 칭찬을 질책보다 3배 더 한다는 마음으로 피드백해야 한다. 특히 MZ세대들은 칭찬을 받으면 동기부여를 잘하기 때문에 열심히 했을 때 즉각적으로 칭찬하는 문화를 만들면 지속적인 성과를 낼 수 있다.

✕ 긍정적 피드백과 건설적 피드백은 구분해서 하라

칭찬을 한 후에 이어서 질책을 하게 되면 상대방이 오해할 수 있다. '나를 혼내려고 앞에 일부러 칭찬을 한 거구나'라는 오해를 사고 싶지 않다면 구분해서 하는 것이 좋다. 칭찬을 할 때는 칭찬만, 질책을 할 때는 질책만 해야 한다. 그리고 칭찬은 여러 사람이 함께 있을 때 하면 좋지만 질책은 반드시 1대1로 하는 것이 좋다.

✕ 피드백의 핵심은 행동에 대한 언급이다

피드백은 관찰한 것을 통해 구체적으로 해야 불필요한 갈등과 오해를 줄일 수 있다. 생각과 추측으로 피드백을 하면 상대방은 이해하지 못할 수 있다. 반드시 행동에 대한 근거를 가지고 피드백을 해야 설득력을 가질 수 있다.

✕ 사람의 신념, 가치관, 성격을 바꾸려는 피드백은 지양해야 한다

피드백은 관찰한 행동에 대해 하는 것이다. 절대로 사람의 신념, 가치관, 성격에 대한 피드백은 하지 말아야 한다. 내향적인 사람에게 '왜 이렇게 말이 없어?'라고 말하는 것은 상대방을 존중하지 않는 피드백이다. 내가 바꿀 수 없는 것을 타인에게 강요하는 것은 잘못된 행동이다.

⚡ 건설적 피드백은 호통, 꾸지람, 인신공격과는 다르다

건설적 피드백은 상대방이 발전할 수 있도록 돕는 과정이다. 따라서 피드백을 받는 사람도 긍정적으로 받아들일 수 있어야 한다. 상대방이 꾸지람이나 인신공격으로 받아들인다면 그것은 제대로 된 피드백이 아니다. '나의 변화를 위해 진심으로 피드백을 해주는 구나'라는 생각이 들 수 있게 피드백을 하는 것이 중요하다.

⚡ 피드백의 첫 번째 전제는 리더에 대한 신뢰임을 잊지 말아야 한다

아무리 올바른 피드백을 하더라도 리더에 대한 신뢰가 없으면 피드백은 의미를 상실한다. 어떤 구성원도 신뢰하지 않는 리더의 말을 듣고 싶어 하지는 않는다. 억지로 듣는 척은 하겠지만 진심으로 듣지 않는다. 따라서 피드백을 스킬로 접근하기 전에 구성원과의 신뢰가 쌓여 있을 때 학습한 스킬은 큰 도움이 된다.

리더와 구성원 간의 신뢰가 형성되지 않으면 그 어떤 피드백도 소용이 없다는 것을 반드시 기억하자. 리더가 신뢰를 얻는 것이 피드백의 첫걸음이다.

LEADERSHIP INSIGHT

Part 10

리더의 코칭

코칭은 개인 발전, 목적지향적 액션,
그리고 향상을 위한 환경을 창출하기 위해
초점 있는 대화를 사용하는 계획적 과정이다.

- Homan & Miller(《Coaching in Organizations》 저자)

상생과 소통의 새로운 리더십
- 코칭

팬데믹 시대가 저물고 뉴노멀 시대가 시작되면서 리더십의 중요성은 더욱 커지고 있다. '혼란의 시기에 어떤 리더십이 중요한가?'라는 질문을 던지면 대부분의 리더십 전문가들은 '코칭의 리더십'을 강조한다. 과거부터 코칭은 조직에서 매우 중요한 리더십 기법으로 여겨져 왔으며, 수많은 코칭 면담과 교육을 진행해 왔었다. 그런데 팬데믹 시대를 겪으며 코칭은 단순한 리더십 기법이 아니라 혼돈의 시대를 해결할 수 있는 리더십 기법으로 부각되기 시작했다. 특히 지금과 같은 뉴노멀 시대에는 관리와 통제 중심의 리더십이 한계에 다달았기 때문에 상생과 소통의 새로운 리더십인 코칭 리더십이 더욱 각광받고 있다.

⚡ 코칭의 정의와 성과

　코칭의 어원은 1500년대 헝가리의 코치 KOCS 지방에서 유래되었는데, 원래는 '마차'라는 의미에서 '중요한 사람을 그 사람이 원하는 목적지까지 데려다 준다'라는 의미로 확장되었다. 그리고 1840년대에는 영국 옥스퍼드대학에서 '학생들을 지도하는 개인교사'를 코치라고 부르기 시작했다.

　국제코치연맹 ICF에서의 정의는 '고객의 개인적·전문적 가능성을 극대화시키기 위해 영감을 불어넣고 사고를 자극하는 창의적인 프로세스 안에서 고객과 파트너 관계를 맺는 것'이라고 정의한다. 또 한국코치연맹 KCA은 '개인과 조직의 잠재력을 극대화하여 최상의 가치를 실현할 수 있도록 돕는 수평적 파트너십'이라고 정의한다. 따라서 코칭은 성과를 극대화하기 위해 코치를 받는 사람과 지속적인 협력관계를 통해 그의 잠재능력을 극대화시켜 지속성장할 수 있도록 돕는 것이라고 정리할 수 있다.

　코칭의 성과에 대해서는 많은 글로벌 리더들이 극찬을 하고 있다. 특히 구글 전 회장인 에릭 슈미트는 처음에는 코칭의 효과에 대해 의문을 표시하다 자신이 직접 코칭을 경험하고 나서 이런 말을 했다고 한다.

　"내가 세상에서 이 일을 제일 잘하는데 코치의 조언이 무슨 필요가 있을까? 라고 생각했는데 막상 코칭을 받고 보니 달랐다. 내가 받은 생애 최고의 조언이었다. 코치를 고용하라 hire a coach!"

　이처럼 많은 리더들이 코칭을 받기도 하고 직접 코치가 되기도 한다. 글로벌 리서치의 결과에 따르면 코칭은 리더십 발휘방법 중 가장 월등한 성과 향상을 보여준다고 한다. 컨설팅이 1.2배, 티칭이 4배, 멘토링이 4배, 퍼실리테이션이 4배의 리더십의 성과를 보여주는데 반해 코칭은 무려 18배의 성과를 보여준다. 그 어떤 리더십 기법보다 월등한 성과의 결과를 보여주는 것이다. 개인과 조직이 생산성 향상을 위해 코칭을 해야 하는 이유가 여기에 있다.

▲ 코칭 질문의 힘

코칭은 질문을 통해 스스로 생각하게 하는 힘이 있다. 이것을 '인생을 바꾸는 질문Life changing question'이라고 한다.

미국에서 가장 유명한 진행자인 오프라 윈프리는 청소년 시절 최악의 인생을 경험한다. 마약을 하고 성폭행을 당해 임신까지 하는 상황에서 결국 감옥까지 가게 된다. 감옥에서 나오는 날 아버지가 오프라에게 질문을 던진다. "오프라, 사람은 3가지 방식으로 인생을 사는 것 같아. 일을 만들어 내는 사람, 남들이 일을 만들어 내는 것을 바라보는 사람, 어떤 일이 일어나는지 아무것도 모르는 사람, 이렇게 3가지 방식으로 살아가는데 너는 어떤 사람이 되고 싶니?" 이 질문을 받았을 때 오프라는 큰 영감을 받았다고 한다. 그리고 나서 "아빠, 저는 일을 만들어 내는 사람이 되고 싶어요"라며 삶의 변화를 추구해 지금은 많은 사람들에게 존경받는 최고의 진행자가 되었다.

성과를 내는 팀장의 완벽한 리더십

결국 사람을 변화시키는 것은 자신의 생각을 주입시키거나 강요하는 것이 아니라 파워 있는 질문을 통해 스스로 생각해서 변화할 수 있도록 돕는 것이다. 이것이 '코칭 질문의 힘'이다.

✗ 코칭의 철학

코칭의 철학을 크게 3가지로 나눠보면 다음과 같다.

첫째, 모든 사람에게는 무한한 가능성이 있다.

둘째, 필요한 해답은 모두 그 사람 내부에 있다.

셋째, 해답을 찾기 위해서는 코치가 필요하다.

결국 사람들은 스스로 답을 창조할 수 있다는 것이다. 일을 못했을 때 무조건 지적하며 알려주기만을 하려는 리더십은 코칭이 아니다. 구성원의 잠재력을 믿고 그가 스스로 해답을 찾아낼 수 있도록 도와주는 것이 진정한 코칭이다.

코칭은 스스로 생각하게 하여 다양한 해결방안을 찾을 수 있도록 도와주고, 구체적인 실행계획을 수립하게 하는 것이다. 이를 통해 실행력이 높아지면서 자발적이고 주도적이 된다. 리더가 코칭 리더십을 잘 발휘해야 하는 이유가 바로 이러한 놀라운 코칭의 힘 때문이다.

LEADERSHIP

코칭 대화모델
– GROW

코칭을 할 때는 대화모델을 사용하는 것이 효과적이다. 라포 형성, 경청과 공감, 질문, 피드백 등의 코칭 스킬이 완벽하더라도 대화하는 프로세스에 익숙하지 못하면 제대로 된 코칭을 할 수 없다. 이때 코칭 대화모델을 활용하면 코칭의 효과는 더욱 증대된다.

대화모델은 대화의 틀frame을 제공하는 것이다. 대화의 틀을 통해 코칭의 기대상황을 분명히 하고 성과를 점검하면서 효과적인 대화를 할 수 있다. 매우 간단하며 즉각적으로 활용할 수 있기 때문에 대화모델을 잘 숙지하고 있으면 어떤 대화도 어렵지 않다.

⚡ GROW 대화모델

전 세계적으로 수많은 대화모델들이 있는데, 이 중 가장 많이 사

성과를 내는 팀장의 완벽한 리더십

용하는 코칭 대화모델은 존 휘트모어의 4단계 GROW 모델이다.

1) Goal(목표 찾기)

구성원이 원하는 목표를 설정하는 단계로, 구성원이 달성하고자 하는 특정 목표 또는 결과를 이끌어 내야 한다. 목표는 구체적이고 측정가능한 SMART 원칙을 적용하면 좋다. 구체적이고 측정가능하고 적시에 달성가능하며 현실적인 목표를 함께 설정함으로써 상대에게 코칭의 명확성을 보장하는 것이다.

'목표 찾기'의 질문으로는 다음과 같은 것들이 있다. 이러한 '목표 찾기' 질문을 통해 구성원이 가진 생각을 끌어낼 수 있고 대화를 하면서 주제를 만들어 내고 정할 수도 있다.

- 무엇에 대해 이야기하고 싶은가요?
- 어떻게 되길 바라나요?
- 가장 이상적인 모습은 무엇인가요?

• 그렇게 된다면 어떤 의미가 있을까요?

• 가장 시급하고 중요한 과제, 이슈는 무엇일까요?

2) Reality(현실 점검)

구성원이 현재 상황을 스스로 인식할 수 있도록 돕는 단계로, 현재 상황을 점검하여 목표에 이르지 못하는 장애요인을 찾아야 한다. 본인의 현재 상황을 리더에게 객관적으로 설명할 수 있도록 돕는 것이 중요한데, 이 단계에서는 추측과 생각이 아니라 사실에 대한 것을 이야기해야 한다. 상황에 대한 상상이 아니라 현재의 상상을 말하도록 진행하여 '아하'의 순간을 만드는 것이다. 즉, 자신의 현재 상황을 말하면서 내가 어떻게 해야 하는지에 대한 통찰을 느낄 수 있는 시간이다.

'현실 점검'의 질문으로는 다음과 같은 것들이 있다. 이러한 '현실 점검'의 질문은 구성원의 현재 상황을 탐색하면서 해결책을 찾아가는 과정이라고 할 수 있다.

• 그 일이 해결되지 않으면 어떤 영향이 있을까요?

• 지금 현재 상황은 어떤가요?

• 그 상황을 10점 척도로 말해 본다면 몇 점인가요?

• 무엇 때문에 이 문제가 일어났나요?

• 이를 해결하기 위해 지금까지 어떤 노력을 해왔나요?

3) Options(대안 탐색)

여러 대안 중에서 가장 근본적이고 현실적인 대안을 찾아 구체적인 행동계획을 수립하는 단계이다. 현재의 위치에서 어떤 옵션이 실현가능하고 성공 가능성이 가장 높은지 알아내는 것이다. 모든 단계가 중요하지만 이 단계에서는 실천가능한 행동과 방법을 찾아야 하기 때문에 질문을 통해 다양한 아이디어를 내도록 도와야 한다.

'대안 탐색'의 질문으로는 다음과 같은 것들이 있다. 이러한 '대안 탐색'의 질문은 솔루션을 찾아내는 과정이다. 이 단계에서 실질적으로 변화할 수 있는 방법론과 솔루션이 나와야 한다.

- 이를 바꾸기 위해 무엇을 할 수 있나요?
- 또 다른 대안이 있다면 어떤 방법이 있을까요?
- 그중 어떤 방법이 더 효과적일까요?
- 누구에게 도움을 받을 수 있을까요?

4) Will(실행 의지)

구성원의 의지를 확인하고 실행계획을 다짐받으며, 상호 책임을 나누는 단계이다. 구성원 스스로의 적극적인 참여가 가장 중요하며, 구성원과 함께 옵션을 평가한 후 실행 조치를 취해야 한다. 이때 상대와 함께 실행에 대한 명확한 계획을 수립하면서 예측 불가능한 장애요인에 대한 대비를 해야 한다. 목표 달성을 위한 지원 및 지지에 대한 동의를 구하는 것도 중요하다.

'실행 의지'의 질문으로는 다음과 같은 것들이 있다. 이러한 '실행 의지'는 구성원이 계획한 것을 반드시 실행할 수 있도록 지지하고 응원하면서 실행한 결과를 확인할 수 있는 방법을 약속하는 것이다.

- 이번 주, 다음 달에 해야 할 일은 무엇인가요?
- 예상되는 장애물은 무엇이 있나요?
- 그것을 어떻게 하면 극복할 수 있을까요?
- 내가 무엇을 도와주면 될까요?
- 언제쯤 중간점검을 해볼 수 있을까요?

⚒ GROW 단계별 핵심질문

GROW의 단계별 핵심질문을 통해 대화모델을 연습해 보자.

1) Goal(목표 찾기)
- 당신의 목표는 무엇입니까?
→ "올해 매출 목표 120% 달성입니다."
- 이 목표를 왜 달성하고 싶나요?
→ "인센티브도 받고 승진도 하고 싶기 때문입니다."

성과를 내는 팀장의 완벽한 리더십

2) Reality(현실 점검)

- 목표를 달성하기 위해 어떤 단계를 수행했습니까?
- → "열심히 하고는 있는데 아직 여러 가지가 부족합니다. 이대로 하다가 목표 달성이 가능할지 모르겠습니다."
- 목표를 향해 갈 때 놓치고 있는 것은 무엇인가요?
- → "철저한 계획이 세워져 있지 않은 것 같습니다. 달성가능한 계획들을 미리 세워 매주, 매월 체크하면서 실천하고 싶습니다."

3) Option(대안 찾기)

- 가능한 옵션은 무엇입니까?
- → "매월 매출 달성 여부 체크, 영업점 자주 방문, 마케팅 확대, 신규고객 확보, 동료들과 협업 등입니다."
- 첫 번째 단계는 무엇이죠?
- → "일단 영업점을 자주 방문해서 판매를 독려하고 신규고객도 확보하면서 마케팅을 확대해야 할 것 같습니다."

4) Will(실행 의지)

- 언제부터 시작할 수 있나요?
- → "다음 주 월요일부터 주간계획, 월간계획을 세워 철저하게 지켜 나가겠습니다."
- 목표를 달성했다는 것을 어떻게 알 수 있나요?
- → "계획표 세운 것을 사전에 점검받고 한 주가 끝나면 회의에서 결과 보고를 하도록 하겠습니다."

코칭 대화모델을 사용해 상담·면담 등을 하면 구성원의 성장과 성과 향상에 큰 도움이 된다. 구글의 프로젝트 옥시젼PROJECT OXYGEN에서 발표한 좋은 리더가 되기 위한 8가지 조건에서 1위가 '좋은 코치가 되라!'였다. 뉴노멀 시대에는 코치형 리더가 되는 것이 중요하다. 구성원의 무한한 가능성을 믿고 질문을 통해 그들 스스로 솔루션을 찾아낼 수 있도록 도와야 한다. 코칭형 리더는 결국 조직의 성과를 폭발적으로 성장시키는 결과를 만들어 낼 것이다.

성과를 내는 팀장의 완벽한 리더십

LEADERSHIP INSIGHT

Part 11

리더의
변화관리

눈에 보이지 않는 힘 가운데 변화의 힘보다 큰 것은 없다.

- 장자

변화와
변화관리

　기업환경이 급격하게 변하고 있다. 새로운 트렌드에 적응하지 못하면 도태되는 시대이다. 변화하는 시대에 살아남는 리더는 어떤 리더일까? 미래통찰을 통해 조직의 변화관리를 효과적으로 실행하는 리더만이 뉴노멀 시대에 살아남을 수 있을 것이다.

　변화는 사물의 모양, 성질, 상태 등이 달라지는 것이다. 즉, 원래의 상태에서 바람직한 상태로 가는 것이다. 그렇다면 변화관리는 '평상시에 익숙했던 것들을 문제의식을 가지고 살펴보고 이를 개선하려는 지속적인 활동'이라고 정의할 수 있다. 이러한 변화관리 관점에서 보면 조직에서의 모든 활동은 변화관리 활동이라고 할 수 있다. 급격하게 변화하는 세상에서는 변해야만 생존할 수 있기 때문이다.

　기존 조직들의 변화관리 방식은 리더의 탑다운Top-down으로 이루어지는 경우가 많았다. 급격한 변화를 이루려면 탑다운 방식으로

성과를 내는 팀장의 완벽한 리더십

전달해야 빠르게 전파되기 때문이다. 하지만 모든 정보가 투명하게 공유되는 뉴노멀의 시대에는 변화관리도 진화되어야 한다. 리더가 상황을 지시하는 탑다운 방식과 구성원들의 변화에 대한 열망을 모아 리더에게 제안하는 바텀업Bottom-up 방식이 병행되는 것이 가장 효과적이다.

피터 드러커는 '이 세상에서 변하지 않는 유일한 것은 모든 것은 변한다는 사실뿐이다'라고 말했다. 빠르게 변화하는 기업환경에 발 빠르게 대처하지 않으면 도태되는 세상인 것이다.

✕ 변화의 시대 생존법

조직에서의 변화는 숙명적이라고 말한다. 21세기 가장 영향력 있는 전략가인 세스 고딘은 변화에 대해 안전지대safe zone와 안락지대comfort zone로 구분해서 설명한다. 안전지대는 우호적인 환경에서 하는 일들이 순조롭게 굴러가는 영역이다. 반면에 안락지대는 오랜 시간에 걸쳐 익숙해져 느긋해지고 긴장감 없이 일하거나 생활하며 그 안에서는 실제의 두려움도 크지 않은 영역이다. 여기서 변화는 안전지대와 안락지대를 일치시키는 것이다. 세상이 어떻게 변하는지 민감하게 관찰하고, 안락지대를 안전지대에 일치시키기 위해 끊임없이 노력해야 한다. 세상이 변화할 때 안락지대에 있는 상태를 안전지대로 옮기기 위해 꾸준히 인식하고 노력하는 것, 이것이 변화관리의 자세이다.

변화는 안전지대와 안락지대를 일치시키는 것

《글로벌 성장기업의 법칙》의 저자 나와 다카시는 '불투명한 시대에는 여러 방법을 시도하면서 거기서 배우는 학습우위의 경영을 하지 않으면 앞으로 나아갈 수 없다'라고 말한다. 변화에 성공하기 위해서는 앞이 보이지 않는 상황에서도 스스로 해보는 수밖에 없다는 것이다. 실패를 하더라도 계속 시도해 보고 다시 해보는 것이다. 먼저 해본 사람이 결국 현명해지는 것이다.

프랑스 인시아드 경영대학원의 허미니아 아이비라 교수는 '생각만 하고 있지 말고 외부로 향해 먼저 행동을 하면서 얻는 외적인 통찰, 즉 아웃사이트outsight로 패러다임을 전환하라'고 말한다. 생각하면서 행동하는 힘, 지속적으로 시도하는 것만이 변화관리에 성공한다는 것이다.

습習-파破-리離라는 말이 있다. 익히고 파괴하고 다시 익히는 단계, 학습Learning-탈학습Unlearning-재학습Relearning 하는 단계가 변화의 과정이다. 변화를 위해 가장 좋은 방법은 내가 알고 있는 것을 다른 사람과 공유하는 것이다. 틀에 박힌 공간과 일에 얽매이지 말고 전혀 새로운 분야의 사람을 만나고 업무에 도전하면서 새로운 것들에 영감을 받는 것이 변화관리의 핵심이다.

성과를 내는 팀장의 완벽한 리더십

⚔ 변화는 끊임없이 빨리 달려야 하는 것

루이스 캐럴의 동화 《이상한 나라의 엘리스》 속편인 《거울 나라의 엘리스》에서 붉은 여왕의 가설이 등장한다. 여왕과 엘리스가 달리는데 주변의 모습들이 더 빨리 바뀐다. 그러자 여왕은 더 빨리 뛰지 않으면 우리가 뒤처진다고 엘리스에게 말한다. '어떤 대상이 변하려 할 때 주변 환경도 함께 변해서 상대적으로 뒤처지거나 제자리에 머무는 현상'이 붉은 여왕의 가설이다. 계속해서 발전하는 경쟁상대에 맞서 끊임없는 노력을 통해 발전하지 못한다면 결국 도태된다는 말이다.

모든 조직들이 최선을 다해 열심히 하고 있다고, 변화를 주도적으로 추진하고 혁신하고 있다고 말한다. 그러나 다른 조직들은 그보다 더 열심히 하고 있다. 우리의 변화가 상대보다 더 빠르지 못하면 결국 다른 조직보다 늦어지게 되고, 그것이 누적되면 도태된다. 변화란 그런 것이다. 먼저 하지 않으면 뒤처지는 것이다. 따라서 매일매일 혁신하고, 다른 생각을 적용해 보고, 다른 조직과 우리는 어떻게 다른지 확인해 보고, 새로운 것을 개발하면서 변화해야 한다.

토마스 프리드먼은 '지금 우리가 처한 상황은 가만히 있는 것보다 자전거를 타는 것처럼 기민하게 움직이며 앞으로 나아갈 때 비로소 안정감을 얻을 수 있는 역동적 안정성의 시대이다'라고 말한다. 정적인 안정성의 시대는 끝났다. 자전거를 타듯 계속해서 역동적으로 움직여야만 생존할 수 있는 시대가 된 것이다. 이때 변화를 거부하고 안정을 추구하면 오래가지 못한다. 수십 년 전에 글로벌

10위 안에 들었던 기업들 중 지금까지 남아 있는 회사는 얼마나 될까? 계속해서 변화하고 혁신하는 테크 기업들만 살아남았다. 시가총액 상위권에 있던 수많은 제조업들은 자취를 감췄다. 결국 변화와 혁신만이 지속가능한 기업을 만든다.

팬데믹 시대에 많은 기업들이 사라졌지만 오히려 기회를 잘 활용해 큰 성과를 낸 기업들도 있다. 마이크로소프트는 아마존의 AWS Amazon Web Service를 벤치마킹하여 클라우드 사업에 진출해 미디어 사업을 하지 않으면서도 미디어 회사를 고객으로 확보해 성공했다. 온라인서점에서 시작한 아마존은 미래시장을 예측하고 선점하는 능력이 탁월해 전자상거래, AWS 클라우드 시장까지 확대하며 매출을 극대화했다. 그래픽카드의 최강자 엔비디아는 그래픽카드를 AI 영역까지 끌어올려 변화와 혁신에 성공함으로써 반도체 분야의 최강자로 떠올랐다. 우리나라의 쿠팡, 배달의 민족, 마켓컬리와 같은 회사들은 팬데믹 시대에 변화에 필요한 것을 효과적으로 이용해 폭발적인 성장을 이루어낸 회사들이다.

이들의 공통점은 시대가 요구하는 것을 끊임없이 개발해 내고 창조해 냈다는 것이다. 변화에 민첩하게 대응해 그들만의 성공방식을 만들어 낸 것이다.

LEADERSHIP

변화에 대한 신념과
구성원의 저항

⚒ 변화를 위해 가져야 하는 신념

일반적으로 변화에 대해 잘못된 신념들을 가지고 있는 경우가 많은데, 리더들이 반드시 알아야 할 변화의 5가지 신념에 대해 살펴보자.

1) 사람들은 변화를 좋아한다

생물학적으로 사람들이 변화를 싫어한다고 생각하지만 실제 변화가 진행될 때 긍정적으로 받아들이고 적극적으로 추진하는 사람들이 많다. 더글라스 맥그리거의 'XY이론'을 보면 X이론을 믿는 리더는 구성원들이 일을 싫어하기 때문에 책임감이 떨어진다고 생각한다. 반면에 Y이론을 믿는 리더는 구성원들이 일을 좋아하기 때문에 스스로 일을 찾아서 한다고 생각한다.

조직에서 변화관리를 추진하려는 리더들은 Y이론을 믿는 사람들이다. 따라서 변화관리를 도입할 때 저항은 크겠지만 결국은 그 저항을 이겨내고 조직의 변화에 구성원들을 동참시켜 조직이 원하는 결과를 얻을 때까지 함께 노력한다는 마음가짐이 필요하다. 만약 이때 사람들이 변화를 싫어한다는 관점으로 접근하면 구성원과의 신뢰가 깨질 수 있다. 서로를 믿고자 하는 신념이 긍정적인 변화를 가져올 수 있다는 점을 명심하자.

2) 위기는 사람들을 쉽게 변화시키지 못한다

사람들은 위기가 다가오면 다급해지면서 변화에 빨리 적응할 거라고 생각하지만 실제로는 그렇지 못하다. 1988년 7월에 스코틀랜드 북해 유전에서 228명이 상주하는 석유시추선 파이퍼 알파가 폭발하는 사고가 일어났다. 당연히 모든 사람들이 바다에 뛰어들어 목숨을 구할 거라고 생각했지만 167명은 바다에 뛰어들지 않았다. 불에 타 죽기 직전의 상황에서도 167명은 변화를 거부했다. 죽음의 위기조차도 그들을 어떻게 하지 못한 것이다.

조직에서 아무리 위기를 강조하고 회사가 곧 망한다고 이야기해도 움직이지 않는 직원들이 많다. '설마 회사가 망하기야 하겠어?' '나 하나 변하지 않는다고 해도 별 영향은 없을 것 같은데?'라고 생각하는 것이다. 변화관리 전문가인 존 코터는 '변화관리를 하려는 기업의 50% 이상이 첫 번째 단계인 조직의 위기감을 조성하는데 실패한다'고 말한다. 따라서 단순히 위기감을 조성해 구성원들을 변화시키려고 하지 말고, 위기가 구성원 개개인에게 어떤 영향을

성과를 내는 팀장의 완벽한 리더십

미치며 그 영향이 스스로에게 얼마나 치명적인 위기임을 각인시킬 수 있는 방법을 찾아야 한다.

3) 사람들은 감성에 의해 변화된다

사람들은 변화에 대해 이성적이고 논리적으로 설득할 때 움직인다고 생각하지만 실제로는 감성으로 설득될 때가 많다. 현실적인 상황을 예로 들며 변화하지 않으면 끝이라고 설명해도 구성원들은 실감하지 않는다. 조금은 떨어져서 판단하기 때문이다. 그러나 지금의 현실이 얼마나 어렵고 그 어려움이 개인별로 어떤 영향을 미치는지 설명하면서 우리가 함께 변화하지 않으면 어떤 불행이 오는지에 대해 감성적으로 접근하면 공감하게 된다. 결국 사람은 마음과 마음이 전달되기 때문이다.

4) 사람들이 침묵하면 변화를 거부하는 것이다

조직에서 변화를 시도하려 할 때 대다수의 구성원들은 침묵한다. 어차피 말을 해봐야 위에서 받아들이지 않을 것을 알기 때문에 굳이 말하지 않고 침묵하는 것이다. 그런데 리더들은 구성원들의 이런 침묵이 리더의 생각에 동의해 침묵하고 있다고 생각하는 경향이 있다. 구성원들은 '피하고 싶다' '또 해야 하나?' '나만 변해야 하나?' '리더부터 변해라' 등 침묵으로 피로감을 호소하고 있는데, 리더는 이를 모르고 있는 것이다. 구성원들이 변화에 대해 침묵하면 문제가 있다는 것으로 생각해야 한다. 따라서 의견이 없을수록 리더들은 더욱 소통하려고 노력해야 하고, 변화에 대한 설득을 더욱 적극적으로 해야 한다.

5) 조직의 변화관리는 리더십 역량에 좌우된다

사람들은 변화관리를 하기 위해서는 조직관리를 잘해야 한다고 생각하지만 성공적인 변화관리는 리더의 리더십에 70% 이상 좌우된다. 관리자는 방향을 유지할 수는 있지만 바꾸기는 어렵다. 리더의 현명한 리더십만이 변화관리를 할 수 있다. 리더의 리더십이 중요한 이유다.

⚊ 구성원들이 변화에 저항하는 이유

그렇다면 구성원들이 변화에 저항하는 이유는 무엇일까? 그 이유를 알면 변화에 대해 유연하게 적응할 수 있을 것이다.

1) 조직과 리더에 대한 신뢰 부족

구성원들이 변화에 저항하는 가장 큰 이유는 변화를 제안하고 추진하는 조직이나 리더에게 신뢰가 없기 때문이다. 변화를 한다는 것은 지금까지 편하게 유지되었던 현상들을 바꾸기 위해 시간과 에너지를 써야 한다는 것이다. 따라서 변화의 결과가 좋은 모습이어야 한다는 믿음이 있어야 동참할 수 있다. 이때 리더의 신뢰가 바탕이 된다면 힘들어도 '한 번 해보자'는 마음이 들 것이다. 그러나 조직이나 리더에 대한 신뢰가 부족하면 '나만 고생할 거야'라는 생각에 동참하기 싫어진다. 변화관리가 실패하는 대부분의 이유는 신뢰의 실패라는 것을 인식해야 한다.

2) 이해관계에 대한 불편함

지금까지 쌓아왔던 자신의 지식이나 전문성이 쓸모없는 것이 되거나 지위·권력·혜택이 사라져버릴 가능성이 있으면 저항하게 된다. 사람들은 누구나 자신이 가진 것을 지키고 싶어 한다. 변화로 인해 그것을 잃게 된다면 불안해지며 어떤 방식으로든 그것을 지키기 위해 저항하게 된다.

3) 변화는 언제나 실패할 것이라는 신념

과거에 변화의 실패를 경험했거나 리더가 일관성 없는 리더십을 발휘했을 때 변화는 실패할 거라는 신념을 갖게 된다. 이러한 실패 경험은 부정적인 인식을 심어주고 변화에 대한 강한 저항의식으로 남게 된다.

4) 통제에 대한 저항

변화를 추진하다 보면 구성원의 행동을 통제하고 자율성을 저해하는 제도들이 만들어진다. 자유롭게 일하고 싶은 사람의 마음을 억제하고, 하고 싶은 것을 하지 못하게 만든다면 적대감이 생길 수밖에 없다.

5) 비용에 대한 부담

변화에 실패하게 되면 비용은 손실이 된다. 비용이 커질수록 리스크가 커지기 때문에 성공할 가능성이 적은 변화에 대해 거부감을 가지게 된다. 따라서 비용에 대한 거부감 때문에 실패할 확률이 높다고 생각하면 변화하지 않으려고 한다.

성과를 내는 팀장의 완벽한 리더십

LEADERSHIP

변화관리의 8단계 모델과
4가지 스킬

▋ 존 코터의 8단계 변화관리 모델

변화관리의 대부라고 할 수 있는 존 코터는 조직에서 변화관리
를 추진할 때 8단계 프로세스에 따라 진행해야 성공확률이 높다고
말한다.

1단계) 위기감을 조성한다

변화혁신을 주도했던 기업 중 50%가 1단계에서 실패하는데, 이
는 변화 초기에 구성원들이 변화에 저항하기 때문이다. 저항하는
이유는 두려움과 공포로 인한 현실 회피, 분노에 기인한 옹고집, 비
관주의적 태도 등이다. 이렇게 구성원들이 두려워하고 회피하려고
할 때 리더는 조직이 직면하고 있는 문제가 얼마나 심각하며, 이것
을 해결하기 위해 우리가 숙명적으로 해야 할 것이 바로 변화관리

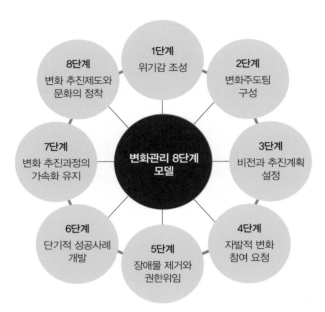

라는 것을 설득시켜야 한다. 위기감을 조성해 변화에 민첩하게 대처하는 것이 중요하다.

2단계) 변화주도팀을 구성한다

조직 내에서 위상과 신뢰를 갖춘 별도의 조직으로 변화주도팀을 구성한다. 변화의 시작은 그것을 주도하는 변화주도팀의 멤버가 누구냐에 따라 달라진다. 실제로 변화를 할 수 있고 실행할 수 있는 리더가 멤버에 포함되어 있다면 변화 추진의 가능성에 대해 믿음이 생긴다. 변화주도팀이 다양한 이해관계를 가진 멤버와 영향력이 있는 사람들로 구성되면 신뢰를 가지고 바라보게 된다.

3단계) 비전과 추진계획 설정

비전은 변화를 통해 이루어 낼 미래의 바람직한 모습이다. 비전은 누구나 쉽게 이해할 수 있고 구체적이고 명확해야 구성원들에게 각인될 수 있다. 이때 구성원들에게 비전과 자신을 동일시할 수 있는 가치를 제공한다면 그 비전은 높은 효과를 발휘한다.

4단계) 자발적 변화 참여 요청

구성원의 참여를 높이기 위해서는 모든 의사소통 채널을 가동해 소통해야 한다. 그리고 리더가 비전의 중요성을 전달할 때에는 비전과 자신의 행동이 일치하도록 솔선수범해야 한다.

5단계) 장애물 제거와 권한위임

변화관리를 시작했다면 구성원에게 권한을 부여해 자기결정성을 높이고 책임감을 느끼도록 동기부여해야 한다. 잘한 것에 대해서는 칭찬과 보상을 통해 격려하고, 잘하지 못한 부분에 대해서는 건설적 피드백을 한다.

6단계) 단기적 성공사례를 개발한다

가시적이고 단기적인 성과는 리더와 구성원 모두에게 변화에 대한 믿음과 확신을 가져다준다. 단기적인 성과를 낸 리더에게는 비전의 타당성에 대한 긍정적 피드백을 제공하고, 비전을 달성하기 위해 일하는 구성원들에게는 심리적 안정감을 제공한다.

7단계) 변화 추진과정의 가속화 유지

단기적 성과에 만족하지 않고 지속적으로 변화를 추진해야 한다. 위기감을 계속해서 팽팽하게 유지하고, 새로운 변화 프로젝트를 통해 달성한 성과를 공개적으로 공유하며 미래를 위한 대비책을 세운다.

8단계) 변화 추진제도와 문화의 정착

변화는 뿌리가 내리기까지 성공했다고 할 수 없다. 변화를 정착시키기 위해서는 새로운 규범과 행동을 실천하는 사람들을 영향력 있는 업무에 배치해야 한다. 그리고 변화에 성공한 이유를 반복적으로 설명하고, 성공한 변화의 가치를 인정하고 격려하며 제도화해야 한다.

▲ 변화관리를 위한 리더의 4가지 스킬

변화관리를 효과적으로 하기 위해서는 리더와 구성원들에게 자기인식을 높일 수 있는 정보를 지속적으로 제공하여 변화 친화적인 조건과 환경을 만들어 줘야 한다.

1) 변화할 수 있는 환경을 만든다

칩 힙스와 댄 힙스는 '변화는 사람 문제인 것 같지만 실은 상황의 문제인 경우가 많다. 리더는 구성원 개인의 문제보다 먼저 환경과

성과를 내는 팀장의 완벽한 리더십

상황을 바꾸거나 조정하는 노력이 필요하다'고 말한다. 변화를 추진하려고 할 때 변화를 전혀 할 수 없는 환경이나 조건이라면 아무리 노력해도 변화 추진은 실패할 것이다. 따라서 변화를 할 수 있는 환경을 먼저 조성하는 것이 성공의 지름길이다.

2) 구성원들에게 심리적 안정감을 준다

구성원들이 말을 하지 않는 것보다 말을 하는 것이 더 이익이 된다고 느끼게 만들어야 한다. 구성원들의 어떤 말이라도 들어줄 수 있는 담대한 리더십이 발휘될 때 변화는 가능하다. 구성원들에게 심리적 안정감을 주어 조직에서는 어떤 말도 할 수 있다는 문화가 결국 변화 추진을 성공으로 이끌 것이다.

3) 구성원에게 질문과 코칭을 한다

질문을 활용하는 것은 구성원들이 자신의 문제와 변화에 대해 논리적 또는 감정적으로 재평가하는데 도움을 준다. 리더는 구성원에게 왜 변화해야 하는지에 대해 질문을 하고 그들의 생각을 충분히 들어본다. 질문을 통해 변화에 대한 의견을 듣고 좋은 내용들은 반영할 수 있다. 그리고 코칭 스킬을 통해 구성원들과 지속적으로 소통하면서 변화를 추진할 수 있다.

4) 관찰하며 피드백을 제공한다

구성원이 업무 이해관계자와 비협력적으로 일하면서 갈등을 유발해 몇 번 불러 협력적으로 일하는 것의 중요성을 강조하며 변화를 요구했지만, 그럼에도 변화가 없으면 어떻게 하겠는가? 이러한 경우는 구성원이 자신의 문제를 의식하지 못하거나 모르는 상태이므로 객관적인 관찰을 통해 꾸준히 피드백을 제공해야 한다.

변화의 성공은 리더의 꾸준한 관심과 진정성이 바탕이 될 때 가능하다. 신뢰를 바탕으로 구성원들에게 진심을 보여주고, 말이 아닌 행동으로 보여주면 따라온다. 이성보다는 감성에 더 설득된다는 것을 명심해야 한다.

LEADERSHIP
INSIGHT

Part 12

리더의
권한위임

가장 훌륭한 경영자는 뛰어난 감각으로 훌륭한 인재를 뽑아서
경영자 자신이 원하는 일을 시키고,
그 일을 하는 동안에 불필요한 간섭을 하지 않도록
스스로 절제할 수 있는 사람이다.
- 시어도어 루스벨트(미국 제32대 대통령)

임파워먼트와
델리게이션

조직의 변화가 가속화될수록 리더의 역할은 더 늘어나게 된다. 하지만 리더 혼자 모든 것을 할 수는 없다. 리더의 역할이 힘들어지는 이유는 리더 스스로 모든 것을 통제하려는 욕심 때문이다. 특히 마이크로 매니징에 집중하는 리더는 본인이 힘들 뿐만 아니라 구성원들의 성장을 막기도 한다.

임파워먼트와 델리게이션

리더가 구성원들을 믿고 권한위임을 할 때 조직의 효율성은 올라간다. 적절한 권한위임은 일의 분산을 통해 효율적인 일처리가 가능하고, 조직을 유연하게 만들어 성과를 낼 수 있다. 이처럼 자신이 해야 할 역할을 다른 사람에게 위임하는 것을 임파워먼트empowerment라고 하는데, 역할 수행에 대한 실행의 권한을 위임하기 때문에 권한을 위임한다고 말한다.

그리고 권한뿐만 아니라 책임까지 위임하는 것을 델리게이션delegation이라고 한다. 단순히 업무분장을 통해 권한을 위임하는 것뿐만 아니라 결과물에 대한 책임까지 져야 하는 것이 델리게이션이다. 따라서 진정한 권한위임은 델리게이션까지 하는 것이다. 그런데 리더들은 임파워먼트까지는 잘하지만 델리게이션은 안하는 경우가 많다.

델리게이션을 잘하기 위해서는 구성원들의 역량 상태를 잘 파악해야 한다. 책임을 위임하려면 구성원들의 역량 상태에 따라 그 정도가 달라지기 때문이다. 일반적으로 임파워먼트는 능력에 따라, 델리게이션은 역량에 따라 하는 것이 좋다고 한다. 능력은 어떤 일을 할 수 있는 지식과 기술이고, 역량은 능력을 바탕으로 목표하는 것을 실행하고 완성할 수 있는 문제해결력이다. 따라서 구성원이 단순히 지식과 기술이 있으면 임파워먼트만 하고, 지식과 기술을 포함해 스스로 책임을 지고 문제를 해결할 수 있는 역량이 있으면 델리게이션까지 하면 된다. 이처럼 권한위임은 구성원의 능력과 역량에 따라 다르게 해야 하는 것이다.

실제로 리더들은 구성원들에 대해 의심이 많다. '권한위임을 하면 그들이 스스로 잘해 낼 수 있을까?' '나만큼 해낼 수 있을까?' '좋은 성과를 낼 수 있을까?'에 대한 의심이 드는 것이다. 때로는 주인의식과 열정이 없다고 판단해 버리는 경우도 많다. 그러나 주인의식과 열정이 없는 것은 구성원의 문제라기보다 일에 대한 권한위임이 없기 때문이다. 권한이 없기 때문에 주인의식이 없는 것이다. 내가 스스로 결정할 수 있는 것이 아무것도 없는데 누가 주인이라고 생각하겠는가?

　리더의 의사결정은 개인의 주관적인 판단이 아니라 조직의 미래를 위해 객관적으로 이루어져야 한다. 자신의 체면이나 자존심 때문에 지극히 주관적으로 의사결정을 내린다면 조직에 큰 해를 끼칠 것이다. 권한위임도 그런 차원에서 의사결정이 이루어져야 한다. 자신의 존재감에 대한 불안이나 걱정으로 인해 조직에 이득이 되는 행동을 하지 않는다면 그것은 리더의 직무유기이다.

⚒ 권한위임 사례 연구 - 넷플릭스

　넷플릭스의 조직문화를 다룬 《규칙없음》에는 넷플릭스의 권한위임에 대한 좋은 사례가 나온다. 넷플릭스의 권한위임 원칙은 '회사에 가장 이득이 되게 행동하라'이다. 회사 내의 모든 구성원이 각자의 판단에 따라 의사결정을 할 때 가장 빠르고 가장 혁신적인 아이디어가 나올 수 있다고 생각한다. 넷플릭스에서는 누구나 좋은 의사결정 근육을 키우기 위해 노력하고, 실무자들의 결정에 고위 매니저가 별다른 관여를 하지 않는다는 사실을 자랑한다.

1) 분산된 의사결정 모델

메타(페이스북)의 COO인 세릴 샌드버그가 넷플릭스의 CEO 리드 헤이스팅스와 함께 출장을 간 적이 있었다. 그때 리드를 관찰한 세릴은 "온종일 지켜 봤지만 대표님은 한 가지도 결정하지 않더군요. 너무 의외였어요"라고 말했을 정도로 넷플릭스는 '분산된 의사결정 모델'을 가지고 있다. 권한위임이 충분히 되어 있기 때문에 각 부서에서 알아서 의사결정을 하는 것이다.

2) 권한위임이 잘될수록 주인의식과 책임감은 커진다

사람들은 권한위임이 잘될수록 주인의식을 가지고 책임감 있게 일한다. 내가 책임을 져야 하는데 제대로 일하지 않을 사람이 있겠는가? 나의 의사결정으로 조직의 성과가 결정된다면 한 가지 일을 하더라도 더 신중하고 조심스럽게 일처리를 하게 될 것이다. 주인의식은 주입한다고 해서 가져지는 것이 아니다. 조직이 나를 믿어줄 때, 나의 의사결정에 대해 책임을 건네줄 때 자연스럽게 생기는 것이다. 구성원들은 리더가 시키는 일만 할 때는 수동적으로 움직인다. 나의 책임이 아니라고 생각하기 때문이다. 내적인 동기부여는 스스로에게 권한이 위임될 때 더 커진다는 사실을 기억하자.

3) 베팅해서 실패해도 괜찮다

기업가는 실패를 통해 성공을 획득한다. 그래서 구성원들이 위임된 권한으로 새로운 시도를 하기 원한다. 리더나 다른 사람들이 별로라고 하는 아이디어여도 상관없다. 베팅을 했지만 소득이 없을 때는 가능한 한 빨리 문제를 바로 잡고, 그로 인해 얻은 교훈을 논의하면 된다. 넷플릭스 같은 창의적인 조직문화를 가진 회사는

'빠른 복구'가 강점이다. 253억 원을 베팅해 넷플릭스 주가를 끌어올린 드라마가 〈오징어 게임〉이다. 한국에 있는 실무 직원이 이 작품에 투자하자고 했을 때 조직은 바로 의견을 수용했다. 물론 투자한 것이 실패할 수도 있다. 그러나 권한위임을 통해 그들의 전문성과 판단을 믿는 것이 그들의 문화다. 결국 그러한 결정으로 인해 조직의 성과를 수십 배 높일 수 있었고 다양한 성공사례를 만들었다.

⚡ 권한위임을 잘하는 임파워링 리더

리더십 전문가 게리 유클은 권한위임을 잘하는 임파워링 리더의 특징을 다음과 같이 8가지로 정리했다.

1) 일단 자신의 생각을 구성원에게 명확히 잘 전달한다. 리더가 가지고 있는 목표와 구성원의 역할을 명확하게 제시해야 한다.
2) 구성원의 역량을 파악하고 개발하는 리더이다. 구성원의 강점과 약점을 파악하여 그들의 역량 수준을 알아야 업무의 난이도와 업무처리 속도 등을 감안한 업무부여가 가능하다.
3) 구성원의 유능성을 인정하는 리더이다. 그들의 지식과 능력에 대해 인정해 주고 일하는 방법, 무한한 성장 가능성이 있다는 것을 인정한다.
4) 영향력과 결정권을 구성원에게 권한위임한다. 그들 스스로가 조직의 성과에 영향을 끼칠 수 있다는 책임감과 주인의식을 가지

도록 돕는다.

5) 업무수행에 대한 장애요인을 제거해 주는 리더이다. 구성원이 업무를 잘 수행할 수 있도록 업무에 제한이 되는 장애요인을 제거하고 정서적·물질적 자원을 지속적으로 제공한다.

6) 기다려 줄 수 있는 여유를 가진 리더이다. 업무의 수행속도는 사람의 성향에 따라 다르다. 책임을 명확하게 구체화하고, 보고요건을 정하고, 진행상황을 적절하게 모니터링한다.

7) 구성원의 실수를 인정하는 리더이다. 실수는 누구나 할 수 있다. 결과가 아니라 과정을 점검하고, 진척상황을 검토하여 토의하는 기회를 제공해 준다.

8) 의사소통의 벽을 제거하는 리더이다. 경청과 공감을 통해 끊임없이 소통하려고 노력한다.

권한위임이
어려운 이유

⚓ 권한위임이 어려운 6가지 이유

리더는 권한위임을 하고 싶지만 실질적으로 어려워한다. 권한위임이 어려운 6가지 이유를 통해 개선할 수 있는 방법을 찾아보자.

1) 구성원에 대한 신뢰감 부족

구성원에 대한 신뢰감이 부족하기 때문이다. 신뢰라는 의미는 위험을 감수하면서 상대방에게 믿음을 주는 사회심리적 상태, 상대방에 대한 감시나 감독 없이도 상대가 자신의 기대에 부응하는 행동을 하리라는 믿음이다. 따라서 리더가 구성원에 대한 신뢰가 없다면 권한위임은 할 수 없다. 내가 위임한 일을 구성원이 제대로 못해 문제가 생기면 내가 책임져야 하기 때문에 그런 행동이 불안하고 싫어서 권한위임을 하지 않는다.

2) 리더의 권력을 빼앗길 것 같은 두려움

구성원에게 권한을 위임하면 자신의 권한이 축소될 것이라는 우려 때문이다. 사람의 영향력은 권력을 가지고 있을 때 생긴다는 것을 리더들은 경험상 잘 알고 있다. 내가 결재를 하고 의사결정을 할 때 권력의 힘이 있다고 믿기 때문에 권한위임은 자신의 힘을 잃는 것이라고 생각하는 리더들이 많다. 권위주의 시대의 생각들에 아직도 사로잡혀 있는 것이다.

리더는 조직의 성과와 합리성에 초점을 두어야 한다. 권력을 빼앗기는 것이 아니라 권한에 대한 합리적인 분배일 뿐이다. 권한위임을 한다고 해서 절대로 영향력이 적어지지 않는다.

3) 업무 결과가 잘못되었을 때의 책임감에 대한 두려움

리더는 전문성이 부족한 구성원에게 중요한 책임을 위임하기 싫어한다. 그리고 전문성을 가지고 있더라도 목표에 대해 책임감이 부족하다면 권한위임은 어려워진다. 물론 권한위임을 해서 문제가 생길 수도 있다. 그러면 당연히 리더로서 책임을 져야 한다. 그러한 책임이 두려워 권한위임을 하지 못한다면 본인이 모든 것을 다 진행해야 하고 책임져야 한다. 결국 업무가 과중될 것이고 성과는 떨어지게 된다.

권한위임은 구성원들의 능력과 역량에 따라 적절하게 해주는 것이기 때문에 구성원에 대한 수준만 제대로 알고 있다면 책임질 일이 줄어든다. 그리고 적절한 권한위임은 구성원들의 성장과 리더의 조직관리에 큰 도움을 줄 것이다.

4) 조직문화에 대한 순응

조직문화는 이념과 신념, 언어, 의식, 상징을 포함해 조직의 운영을 위한 조직체 시스템이다. 그런데 이러한 조직문화가 권한위임을 어렵게 하는 경우가 많다. 조직이 완벽주의를 요구하고 승진을 지향하는 문화라면 권한위임이 어렵다. 또한 보수적이고 수직적인 조직문화를 가지고 있거나 상급자가 독자적으로 모든 것을 판단하는 경우, 보여주기식 문화가 팽배한 경우에는 권한위임이 어렵다. 연공서열이 존재해 나이가 많은 사람들에 대한 존중과 배려심이 지나친 조직도 권한위임이 힘들다. 결국 조직문화를 수평적으로 만들고 능력에 따라 성과를 낼 수 있는 긍정적인 조직문화를 만들어야 권한위임은 위력을 발휘할 수 있다.

5) 모든 것을 리더가 해야 하는 성격 스타일

권한위임은 리더의 스타일에 따라 좌우되는 경우가 많다. 성취욕구가 높은 리더는 중요하고 도전할 만한 과업을 구성원들에게 위임하기보다 직접 하는 것을 선호한다. 스스로 해내야 만족감을 느끼고 성과도 가져갈 수 있기 때문이다. 모든 것을 자신이 의사결정해야 하고, 마이크로 매니징을 통해 체계적으로 관리해야 마음이 놓이는 리더에게 권한위임은 허울 좋은 말일 뿐이다. 리더의 스타일이 변하지 않는 한 조직의 권한위임은 어렵다.

6) 자연스러운 소통의 부족

소통을 제대로 하지 않는 리더는 권한위임이 어렵다. 구성원의

성과를 내는 팀장의 완벽한 리더십

의견을 존중하지 않고 자신과 동등하다고 생각하지 않는 리더, 구성원보다 많은 것을 알고 있어야 한다는 생각의 리더, 자유롭게 의견을 교환하는 문화가 불편한 리더들은 구성원의 피드백에 대해서도 불편함을 느낀다. 의사결정을 내릴 때도 구성원의 생각은 수용하지 않고 자신의 의사결정을 우선시하는 리더는 권한위임을 하지 않는다.

⚜ 계층 문화 vs 권한위임 문화

캔 블랜차드는 조직문화를 계층 문화와 권한위임 문화로 나누어 설명하고 있는데, 우리의 조직은 어디에 해당되는지 확인해 보자. 계층 문화가 많은 조직은 권한위임이 어려울 것이다.

계층 문화	권한위임 문화
계획 수립	비전 수립
지시와 통제	성과지향 파트너십
감독	자율 행동
개인주의	팀의 책임
피라미드 구조	복합기능 구조
관리자	코치, 팀 리더
경영진의 참여	자발적으로 움직이는 힘
시키는 대로 하라	주인이 되라
순종	좋은 판단

권한위임을 잘하기 위한
솔루션

성과를 내기 위해서는 리더 중심의 지시방식에서 실무자 중심으로 재편하는 것이 필요하다. 일에 대해 무조건 간섭하기보다는 코칭하고 권한을 위임하고 평가에 대해 피드백해야 한다. 권한위임이 되면 코칭을 통해 지속적으로 성장할 수 있도록 지원해 주면 된다.

▌ 능력과 역량을 진단하여 권한위임

구성원 개개인별로 능력과 역량을 진단하는 것이 필요하다. 지식과 능력이 있는 구성원에게는 임파워먼트를 하고, 지식과 능력이 있는데 문제해결 역량까지 훌륭한 구성원에게는 델리게이션을 하면 된다. 이처럼 구성원 개개인에 맞게 권한위임을 하면 성과를 극대화할 수 있다. 지속적인 면담과 평가 피드백을 통해 꾸준히 관찰하여 구성원들의 수준을 알아차리는 것이 리더의 역량이다.

⚊ 권한위임의 프로세스

권한위임 프로세스는 4단계로 나눌 수 있다. 역할 위임과 합의를 통해 임파워먼트와 델리게이션을 하고, 역할과 책임을 위임받은 사람은 실행계획서를 만들어 상사에게 확인을 받아야 한다. 그리고 상호 합의를 통해 역할의 범위를 정한 후에는 합의한 내용의 실행 결과에 대해 평가를 하고 피드백한다. 이러한 단계가 투명하고 공정하게 잘 이루어져야 권한위임은 성과를 달성할 수 있다.

1) 역할 위임과 합의

위임해야 할 과제를 구체적으로 임파워먼트하고, 과제를 수행하면 나오게 될 결과물에 대해 사전에 합의해야 한다. 그래야 나중에 결과물이 나왔을 때 제대로 피드백할 수 있다.

2) 실행계획 수립

델리게이션 받을 사람은 자신이 책임져야 할 구체적인 계획서를 만들어 리더에게 보고해야 한다. 리더는 델리게이션 받을 구성원에게 실행전략과 계획 등을 수립하게 한다. 그리고 세부적인 내용을 확인하여 좋은 결과물이 나올 수 있도록 코칭과 피드백을 지속적으로 하면 된다.

3) 상호 합의

합의한 내용에 대해 지속적인 코칭과 피드백을 실시하며, 진행 중에 수정사항이 생기면 상호 합의하여 수정한다. 구성원이 끝까지 델리게이션할 수 있도록 지지해 주면서 잘한 것에 대해서는 긍정적 피드백, 잘못되고 있는 것은 건설적 피드백을 통해 성과를 내는 방향으로 갈 수 있도록 코칭해 준다.

4) 평가와 피드백

최종 결과물이 나오면 과정과 결과물에 대해 함께 평가를 한다. 잘한 부분에 대해서는 구체적으로 칭찬을 해주고, 개선이 필요한 부분에 대해서는 피드백을 통해 향후 어떻게 개선할지에 대한 계획을 합의한다. 권한위임은 코칭과 피드백이 절대적으로 중요하다. 완벽하게 일을 처리할 수 있는 상태가 아니기 때문에 반복적으로 피드백을 하다 보면 결국 임파워먼트와 델리게이션을 완벽하게 할 시간이 온다. 그때가 폭풍 성장하고 있는 상태이다. 일이 진행 중일 때는 조급하게 푸시하지 말고 기다려주는 것도 필요하다.

중요한 프로젝트를 시작하는데 리더가 제대로 된 권한위임을 하지 않고 '알아서 잘해 봐' '난 너만 믿는다'라고 말한다면 이는 리더의 방임이다. 구성원을 함께 성장하는 동료라고 생각하는 리더라면 델리게이션 할 것이고, 구성원을 주인의식이 없다고 신뢰하지 못한다면 지시만 하거나 통제하고 방임할 것이다. 나는 어떤 리더인가? 나는 어떤 리더가 되고 싶은가? 권한위임은 구성원들의 책임감과 주인의식을 가지게 해주고, 결국 조직의 성과를 극대화시킬 것이다.

에필로그

이 책은 오랫동안 알고 지내던 두 저자가 의기투합하여 기획한 결과물이다. 유경철 저자는 기업에서 교육업무를 담당하다 10년 전 기업교육 현장에 나와 리더십 강의를 시작했고, 이인우 저자는 그 기간 동안 팀장과 임원으로 조직에서 실무 경험을 다졌다. 이처럼 리더십 강의를 통해 이론에 해박한 전문가와 현장에서 리더십 경험을 쌓은 전문가가 만났으니 현장의 리더들에게 실질적인 도움을 줄 수 있을 것이라 기대한다. 두 저자는 이 책을 집필하며 다음의 3가지를 전하고 싶었다.

첫째, 리더에게 현실적으로 도움이 될 리더십 내용을 담았다

기획 단계부터 가장 중요하게 생각한 포인트다. 현장의 바쁜 리더들이 빠르게 읽고 현업에 바로 적용할 수 있도록 꼭 필요한 내용만 군더더기 없이 담아 내고자 했다.

둘째, 현장의 생생한 사례를 담았다

기업에서 오랜 기간 근무한 두 저자가 경험했던 실질적인 사례를 꼼꼼히 담아 보았다. 실제 사례를 통해 '나라면 이때 어떻게 했을까'에 대해 다양한 관점에서 생각해 볼 수 있을 것이다. 이런 상황에서는 이렇게 했으면 좋겠다는 베스트 솔루션도 담았다.

셋째, 진심의 마음을 담았다

리더가 더욱 성장하기를 바라는 마음을 책에 담았다. 가급적 리더의 입장에서, 리더의 관점에서 서술하려고 노력했다. 강의와 워크숍을 통해 임원과 팀장급 리더들이 현실적으로 고민하는 내용들을 잘 알고 있기에 그들이 가장 효과적인 결정을 내릴 수 있도록 다양한 솔루션을 담았다.

조직생활을 하는 사람들은 누구나 리더를 꿈꾸고, 언젠가는 리더가 될 것이다. 성과를 내고 존경받는 리더가 되고자 하는 모든 분들에게 이 책이 소중한 빛이 되기를 기대한다.

진정한 리더를 꿈꾸는 모든 분들에게

유경철, 이인우

존경받는 리더의 리더십 인사이트

성과를 내는 팀장의 완벽한 리더십

초판 1쇄 발행 2022년 12월 10일
초판 3쇄 발행 2024년 3월 20일

지은이 **유경철, 이인우**
펴낸이 **백광옥**
펴낸곳 **(주)천그루숲**
등   록 2016년 8월 24일 제2016-000049호

주   소 (06990) 서울시 동작구 동작대로29길 119
전   화 0507-0177-7438   팩   스 050-4022-0784
이메일 ilove784@gmail.com   카카오톡 천그루숲

기획/마케팅 백지수
인쇄 예림인쇄 제책 예림바인딩

ISBN 979-11-92227-93-1 (13320) 종이책
ISBN 979-11-92227-94-8 (15320) 전자책